REFRAINS D'ENFANCE

Maquette : Paul-Raymond Cohen.
Copiste musicale : Diana Greene.
Imprimé en France
par Mame Imprimeurs, à Tours
ISBN : 2-7335-0166-6.
Dépôt légal : 0137 – octobre 1988.

Martine David • Anne-Marie Delrieu

REFRAINS D'ENFANCE

Histoire de 60 chansons populaires

Préface de Claude Roy

HERSCHER

REMERCIEMENTS

Nous tenons à remercier
tout particulièrement
Monsieur Jean Bouvier
pour son aide précieuse dans
l'établissement de l'iconographie
de ce livre.

Notre reconnaissance va
à Madame Lévêque
de la Bibliothèque « L'Heure Joyeuse »,
Madame Agnès Martel,
Madame Laurence Mouillefarine,
Monsieur Michel Roethel
et à tous ceux qui nous ont aidés
pour la réalisation de ce livre.

AVANT-PROPOS

Les chansons populaires qui font l'objet de notre curiosité sont celles que nous connaissons tous et que nos parents et grands-parents connaissaient aussi, celles qui ont franchi l'épreuve du temps. Nous avons pris le parti de nous limiter ici aux chansons nées avant la fin de la Première Guerre mondiale. L'autre limite, c'est... la nuit des temps. Sachons toutefois que les chances de retrouver l'acte de naissance d'une chanson antérieure à une époque que l'on peut situer aux alentours de la Révolution deviennent bien minces.

En effet, plus on remonte le temps, plus les documents se font rares. De la chanson du Moyen Age, on ne connaît que quelques textes de troubadours, sur des musiques péniblement reconstituées. Il s'agit là d'œuvres savantes, les seules qui fussent alors jugées dignes d'être notées par écrit. Elles ne doivent pas nous cacher que, parallèlement, les chansons populaires vivaient leur verte vie. A coup sûr, certaines mélodies et certains thèmes nous arrivent de siècles très lointains, de l'époque romaine sûrement, et peut-être même de l'époque gauloise. Le malheur est que l'absence de documents écrits ne nous permet pas de les désigner.

Les premiers documents utilisables datent du XIIIe siècle. Ce sont des manuscrits comme le *Chansonnier du Roi de Navarre,* ainsi nommé parce que Thibaut, roi de Navarre, mort à Pampelune en 1254, en est le principal auteur, ou le *Chansonnier de Bayeux,* agrémenté de fines enluminures. Les chansons notées par le greffier Jehan Taillefier, pour se distraire d'une tâche fastidieuse, sur les Registres aux Transports de la Haute Cour de Namur, vers le milieu du XVe siècle, nous donnent aussi de précieuses indications, de même que le *Manuscrit de Lucques,* où un membre de la famille Balbini a transcrit, en 1575, des chansons entendues à Malines en Belgique.

Un changement radical survient au XVIe siècle : l'avènement de l'imprimerie. Les chansonniers, c'est-à-dire les recueils de chansons, se multiplient. En 1501, Ottaviano Petrucci de Fossombrone invente à Venise un procédé pour imprimer la musique. L'invention est très vite utilisée en France, dans les recueils de Pierre Attaignant en 1529, d'Alain Lotriant en 1543, de Jehan Bonfons en 1548, pour ne citer que les principaux. Ces chansons « musicales, nouvelles et fort joyeuses, nouvellement composées sur plusieurs chants tant de musique que rustique » sont le plus souvent des *caroles,* destinées à accompagner les danses à la Cour comme à la ville. A partir de 1551, un nom domine la chanson française : Ballard. Cette année-là, en effet, le roi Henri II octroie à Robert Ballard et à ses descendants le privilège de seul imprimeur de musique en France, privilège qui ne fut aboli qu'à la Révolution. Le monopole ne devait cependant pas être trop strict, puisqu'en 1576 Jehan Chardavoine édite un *Recueil des plus belles et excellentes chansons en forme de voix de ville, avec la musique de leur chant commun.*

Le XVIIe siècle voit se multiplier les anthologies, qui sélectionnent « la fleur de toutes les plus belles chansons » parmi les innombrables feuilles qu'on se procure au Pont-Neuf. Ce ne sont que *Fleur des chansons amoureuses, Trésor des Trésors, Éliste de toutes les chansons.* C'est l'époque du célèbre comédien-bateleur Gaultier-Garguille, dont quelques *bransles,* « chansons folastres » ou « airs bachiques » se chantent encore. Le privilège de Ballard a un effet pervers que déplore l'historien de la chanson : au XVIIIe siècle, les recueils finissent par se raréfier. Mais la Révolution amène une explosion libératrice. On chante beaucoup dans ces années de fièvre, et l'on continue sous l'Empire et la Restauration. Les auteurs publient alors leurs propres recueils : Désaugiers, Béranger, Debraux. C'est l'ère du Caveau et des goguettes. Gérard de Nerval sensibilise bientôt le public à nos chansons anciennes quelque peu oubliées. Au point qu'un ministre de l'Instruction Publique, Jean-Jacques Ampère, lance une grande enquête dans toute la France pour recueillir les chansons populaires et sauvegarder ainsi notre patrimoine folklorique. Les premières Chansons et Rondes enfantines font leur apparition. Sous cette appellation, les chansons populaires traditionnelles sont enseignées dans les écoles. C'est pour elles une nouvelle jeunesse et l'occasion d'une formidable diffusion. Le prix à payer est une relative « castration », effet d'une censure vigilante.

De nos jours, les maîtres ne sont plus tenus d'asseoir l'enseignement du chant sur un corpus limité de chansons anciennes. De nouveau, l'oubli menace. Certains ne s'en désolent pas : après tout, pensent-ils, pour une chanson qui se perd, plusieurs autres surgissent, qui viennent bientôt la remplacer dans le patrimoine national. Après la Grande Guerre, celui-ci a continué à s'enrichir : pensons aux *Roses Blanches,* au *Vieux Chalet,* au *Gamin de Paris,* à la *Mer,* à la *Chanson pour l'Auvergnat,* pour ne citer que quelques titres. Est-ce une raison pour se résigner à l'oubli des plus anciennes ? Nous espérons que ce livre convaincra du contraire. Car ce qui est en jeu est capital : un patrimoine culturel d'une grande richesse, sans doute, mais une autre chose, tout aussi importante : le plaisir de chanter, allié au plaisir de savoir ce qu'on chante.

Les Auteurs

PRÉFACE

Il advient qu'un long usage tout simplement use. Il défait un objet, un texte, le disloque, l'affadit, le déforme — le tue. D'avoir tant servi, la matière ou les mots sont épuisés. Ils sortent des mains ou de la bouche, informes, et sans beauté. Mais il arrive aussi que l'usage et le temps soient les bons collaborateurs de l'homme, et parfois le hasard, les remue-ménages de la mer, le grignotement des sables et du vent, la patience de la pluie, la méchanceté du feu, l'entêtement du soleil. La bouteille de verre ensevelie pendant des siècles revient au jour triomphale, irisée de mille feux qu'elle ne possédait pas à sa naissance. L'outil banal se transfigure, caressé par tant de mains qui l'ont poli, courbé, humanisé. La statuette sans grâce, mâchonnée pendant deux mille ans par la mer obstinée, ramenée enfin à la surface, découvre une beauté dont elle était dénuée. Le mancheron de la charrue n'est plus simplement un bout de bois utile, mais aussi une courbe pure donnant bonheur à l'œil d'avoir été affinée par une longue caresse. L'usage et le temps anéantissent. Ils perfectionnent aussi.

Les textes des chansons rassemblées dans ce livre ont ceci de commun; ils ont beaucoup servi. Ils sont populaires, non toujours par leur origine ou leur accent, mais toujours par leur destination et leur histoire. Ils ont volé et vécu de bouche en bouche, comme le furet de la chanson, ils sont passés par ici, ils sont passés par là, ils ont couru, ils courent, agiles et vivaces.

Leur vertu n'est pas celle que l'illusion prête au Peuple, le peuple avec une majuscule, celui que célébraient les romantiques. On a imaginé un bon géant, naïf et infaillible, ignorant tout mais plus savant que les savants, ogre gentil, débonnaire et vertueux. Ce peuple-là fut ce protagoniste que des esprits chaleureux opposaient à l'antagoniste sorti de la cervelle des esprits secs. Ainsi peint, le Peuple s'opposait à la Canaille, à la Populace, aux Gens de Peu. On l'avait voulu rien, on le proclamait tout. La poésie populaire, croyait Herder, est l'œuvre anonyme de l'Homme Naturel, frère historique du Bon Sauvage : elle est la Naturpoésie. Montaigne partageait déjà cette illusion : « *La poésie populaire et purement naturelle a des naïfvetez et graces, par où elle se compare à la principale beauté de la poésie parfaite selon l'art : comme il se veoid ez vilanelles de gascoigne et aux chansons qu'on nous rapporte des nations qui n'ont cognoissance d'aulcune science ny même d'escripture.* » Pendant un bon demi-siècle, on a chéri l'idée d'une poésie qui naîtrait du Peuple, comme par une miraculeuse génération spontanée. Les Pasteur de la littérature ont eu autant de mal que le biologiste à faire entendre à leurs adversaires qu'il n'y a pas de génération spontanée en art — même si cet art est anonyme dans son origine, et populaire dans son utilisation. Il y a surtout ou uniquement de la malice dans la réponse du chansonnier Blot à Gaston d'Orléans, le pressant pour connaître l'auteur de chansons dirigées contre lui : « *Ma foi, Monseigneur,* répondait Blot, *je crois qu'elles se sont faites toutes seules.* » Mais les folkloristes de l'École romantique ont pris cette réponse au pied de la lettre. De Coussemaker définit la chanson comme « un résultat d'inspiration spontanée ». Julien Tiersot fait en France écho à cette définition. *La chanson,* écrivait-il, *est l'émanation directe du milieu duquel elle est née, elle est l'âme de la terre* ». Il y a de la magie, une naïve sorcellerie, dans ces définitions. On songe au Cyclope et à Ulysse, qui prétendait se nommer Personne. Qui a inventé ces prières et ces chansons, ces comptines et ces complaintes ? Personne. Elles sont le fruit d'une inspiration aussi vague que spontanée, elles sont *l'émanation* d'un milieu, elles sont âme. Ame de qui ? Ame de la terre. Autant dire de personne.

C'est là s'abuser grandement. Un homme qui n'a pas d'état civil ni de carte d'identité n'est pas pour cela le résultat d'une inspiration ou l'émanation d'une âme. Il est, aussi bien que celui qui possède des papiers, le fruit de l'étreinte d'un père et d'une mère. Homère n'est pas le prête-nom de Monsieur Tout le Monde, de ce *Her Omnes* dont parlait Luther. Mais il est vrai que Homère fait don de *l'Odyssée* à Monsieur Tout le Monde, dont il en a reçu les éléments.

La poésie populaire ne se définit pas seulement par l'anonymat de ses auteurs. Il y a des œuvres anonymes qui ne sont pas du tout populaires, et des œuvres signées qui le sont profondément. C'est un travail assez vain, et un purisme un peu sot, que celui de ces folkloristes qu'ont voit rejeter du folklore tout ce qui est l'œuvre de *quelqu'un de connu.* Ils crient au faux devant le pastiche heureux, et à l'inauthenticité devant ce qui est daté, signé, clair dans ses origines. Les grands spécialistes français de la poésie populaire, de Doncieux à Davenson, de Poulaille à Patrice Coirault, ont poursuivi une enquête admirable. Elle prouve qu'il n'est pas d'œuvre qui soit sans auteur, que la poésie ne jaillit pas plus de la terre que les têtards ne naissent de la vase. La poésie populaire est le fruit de la collaboration d'un homme dont nous ignorons seulement le nom (souvent) avec d'autres hommes dont nous ignorons les noms (presque toujours). Il est aussi absurde de croire que le Peuple n'a jamais rien créé, que de croire que, seul, le Peuple crée. Homère n'était pas une société anonyme, l'auteur du *Roi Renaud* non plus. Mais ce qu'ils ont créé, qu'ils soient eux-mêmes aristocrates ou manants, poètes professionnels ou marins, professionnels ou amateurs, ceux qui nous l'ont transmis l'ont toujours enrichi (ou appauvri), perfectionné (ou déformé), épuré (ou renforcé). La poésie populaire n'est pas une œuvre collective au sens vague du terme. Elle l'est dans sa fonction, son service et son histoire.

La poésie populaire est l'œuvre du peuple, en ceci qu'elle réunit un ensemble d'œuvres dont la caractéristique est d'avoir *réussi.* Pendant des siècles, du XVe au XIXe, les bibliothèques nous proposent des dizaines de milliers de chansons, dont un petit nombre seulement sont devenues véritablement *populaires,* c'est-à-dire ont été adoptées par le peuple français. Celles de ces chansons qui ont trouvé une réponse et un écho, une approbation et un retentissement dans l'auditoire auquel on les proposait, nous sont transmises par les multiples traditions orales des provinces. Elles verdissent et fleurissent de toutes parts. Il s'opère, à partir des créations du jongleur ou du « goliard », du chanteur-chansonnier du Pont Neuf ou du poète de cour, une véritable *sélection naturelle,* qui est l'œuvre de grandes masses d'hommes éprouvant et essayant un texte, le rejetant lorsqu'il est pour eux lettre morte, l'enrichissant et le perpétuant lorsqu'ils le sentent vivant. Ce qui est important pour l'amateur de poésie, c'est d'essayer de comprendre, pour reprendre les mots même de Darwin « *comment se sont perfectionnées toutes ces admirables adaptations* (dans leurs rapports) *avec les conditions de la vie, ou bien encore dans les rapports d'un être organisé avec un autre* ». Ce que nous transmet la mémoire nationale, c'est ce qu'elle a criblé et retenu, ce qu'elle a élu parmi tout le reste. Le fait que la plupart des hommes du peuple ont été, pendant des siècles, *illettrés* donne plus de force encore, et de valeur, à cette sélection patiente. On le sait de reste : le papier souffre tout. Il perpétue et transmet l'important et l'accessoire, l'œuvre belle et l'œuvre médiocre. Mais la mémoire est choix, exigence de l'essentiel. La mémoire travaille comme l'esprit créateur et critique. Elle rejette ce qui est sans importance et sans relief. Elle est la plus sage complice du poète.

Les auteurs de ce livre ont patiemment suivi à la trace, dès qu'on les voit poindre et surgir, des dizaines de chansons françaises. A beaucoup d'entre elles, elles sont parvenues à donner un père, un auteur, un premier responsable. Il arrive, on le sait, que ce père soit un peu mystificateur, et beaucoup de chansons qu'on a vu devenir populaires, ne le sont que parce que l'auteur qui les écrivit les voulut telles d'abord, et s'effaça derrière sa fabrication, comme Mac Pherson derrière Ossian. *Bon Voyage Monsieur Dumollet, Aux Marches du Palais* sont des impostures devenues réelles, et nous chantons encore *Auprès de ma blonde* dans la version qu'en donna Henry Murger. Mais la poésie populaire est la somme des œuvres qui ont mérité de vivre. Elle domine les limbes de cette immense poésie mort-née, qui la nourrit et la cerne.

Le seul critère de la valeur d'une chanson ou d'un texte, c'est, dans ce domaine, la popularité, c'est-à-dire l'incessant va-et-vient de la tradition orale à l'expression écrite. C'est cet aller-et-retour du chansonnier au paysan, du paysan au conscrit, du conscrit au chansonnier, qui définit la poésie populaire. Quelquefois, au cours de ce périple, la chanson s'étiole, se décompose et meurt. Elle ne résiste pas à l'usage. Mais souvent aussi, elle s'enrichit, se patine, se fortifie.

Il n'y a pas, en réalité, une différence essentielle entre l'œuvre qu'on dit littéraire et l'œuvre qu'on dit populaire. Le travail collectif des générations et des milieux différents, lorsqu'il fait vivre et survivre un texte, reproduit avec lenteur et tâtonnements le travail même du poète, seul en face de ce que l'inspiration lui a proposé. L'écrivain rature et resserre, recherche la rigueur et la simplicité. Il éprouve son texte, le modifie, le conduit à son terme avec patience et effort. Il cherche à lui faire exprimer sa plus grande richesse dans son plus extrême dépouillement. Il ôte, et il ajoute, il modifie et il polit. Ce qui s'accomplit dans la poésie populaire de bouche en bouche, de ville à campagne, s'accomplit dans l'esprit même du créateur solitaire. De bouche à oreille, de rire à malentendu, de mémoire à oubli, le poème suit dans le peuple le même petit bonhomme de chemin que suit le manuscrit du poète dans son cabinet. Que l'homme travaille dans la retraite, ou que les hommes se mettent « à plusieurs », les lois du génie sont les mêmes. Mais le poète-poète gagne simplement du temps sur *l'équipe* qui travaille en commun, plus ou moins consciemment.

De ce que la poésie populaire est l'œuvre des hommes dans le temps, naît l'illusion qui est celle de Nerval, et de tant d'autres. Nous sommes toujours tentés de croire qu'il n'y a de poésie véritablement populaire que du passé. Nerval déjà se plaint que ses contemporains répètent *« plus souvent aujourd'hui les romances à la mode, platement spirituelles, ou même franchement incolores »,* plutôt que les belles chansons populaires de jadis. Nous croyons candidement que le folklore est un objet de musée, qu'il n'y a plus de folklore aujourd'hui. Les contemporains de Moïse devaient déjà trouver que les traditions se perdaient, et qu'on n'avait plus de leur temps le goût aussi exquis qu'avant le Sinaï. Mais c'est que le folklore naissant est rarement *accompli* : une chanson, pour devenir populaire, a besoin ordinairement de grandir et de durer. Il faut que des milliers d'hommes se la passent et repassent, la coupent et l'élaguent, brodent sur elle, l'oublient et la retrouvent.

Toute opposition radicale entre poésie populaire et poésie lettrée est artificielle. La poésie devient populaire dans sa forme quand celle-ci est telle que la mémoire collective la retient aisément et la perfectionne naturellement. Et c'est davantage la forme que les thèmes qui définissent une poésie populaire, car le poète savant, très souvent, sans trouver le bonheur d'expression du poème populaire, s'essaie aux thèmes de la vie rurale ou ouvrière, qui sont les sujets de prédilection de la poésie populaire. Il échoue souvent, parce qu'il les aborde la plupart du temps de *l'extérieur.*

La poésie populaire, c'est avant tout un rythme naturel. C'est celui, par exemple, de la berceuse. Marceline Desbordes-Valmore et René Ghil ont écrit d'admirables berceuses, mais elles n'ont qu'un inconvénient, c'est qu'on ne peut pas s'en servir commodément pour bercer un bébé. Quand j'étais soldat, je me souviens d'un capitaine qui déplorait la grossièreté des chansons de marche que sa compagnie aimait bien. Il nous proposait des chansons de marche délicates, raffinées, et boy-scoutes. L'ennui, c'est qu'elles ne *marchaient* pas, ne faisaient pas marcher, et que les gaudrioles affreuses rythmaient bien mieux nos pas. Mais quelquefois, un poète trouve du premier coup, retrouve, le rythme organique qui fera de son poème une œuvre populaire. Fabre d'Eglantine préside à tous les jeux d'enfants depuis plus de deux siècles, avec *Il pleut bergère,* et Rouget de l'Isle à toutes les révolutions, avec *la Marseillaise.* Un texte devient populaire de l'instant où il est entre les mains de ceux qui ne se demandent pas « De qui est-ce ? », mais qui se demandent « Que dit-il ? » et qui, ayant répondu à cette question, décident que ce qui est dit leur est utile et chaud.

Nous n'avons plus tout à fait cette attitude en face de la poésie populaire, dont la vitalité est enracinée dans ce qu'elle a de chaleureux et d'efficace. Il faut se défier de tout ce qui ressemble à l'ironie un peu supérieure devant les « simples », au goût narquois et légèrement pervers pour les « peintres du dimanche » et les « poètes de foire ». « *J'aimais les peintures idiotes,* proclame Rimbaud, *dessus de portes, décors, toiles de saltimbanques, enseignes, enluminures populaires; la littérature démodée, latin d'église, livres érotiques sans orthographe, romans de nos aïeules, contes de fées, petits livres de l'enfance, opéras vieux, refrains niais, rythmes naïfs.* » En réalité, les grandes œuvres de la poésie populaire éternelle ne sont pas niaises, ni naïves — exactement le contraire. Elles ne sont ni attendrissantes par l'écart qui existerait entre les sentiments et leur expression, ni amusantes par la maladresse de leurs balbutiements. L'auteur — les auteurs — du *Roi Renaud* ou de *la Pernette (Ne pleure pas Jeannette)* ne sont pas les cousins pauvres de Ronsard ou de Hugo, mais leurs égaux insouciants. Ce qui nous atteint dans notre folklore, ce n'est pas qu'il soit l'œuvre de gens « qui ne savent pas », mais au contraire qu'il est né de la souffrance et de la joie, de la malice et du cœur de gens qui savent très bien. Ils savent ce qu'est avoir faim ou mal d'amour, aller en guerre quand on ne voudrait pas ou travailler quand on est à bout de force. Et ceux-là trouvent très exactement, à la longue, les mots irremplaçables pour dire leur mal ou leur bonheur, bercer leur chagrin ou traduire leur colère. La véritable poésie populaire n'est pas une poésie un peu moins bonne que la bonne poésie « savante », c'est une poésie aussi belle, mais qui est simplement plus immédiatement universelle, et plus innocente.

Plus universelle ? Ceci demande un mot d'explication. Les peuples se rejoignent par leurs sommets, et par leurs racines — et diffèrent par l'entre-deux. Tout le monde sait devant un objet populaire la difficulté qu'il y a à le situer quand on n'est pas un spécialiste, et que rien ne ressemble plus à un papier découpé de Pékin qu'un papier découpé de Cracovie, qu'un jouet russe à un jouet mexicain. Ce qui est intensément vécu sur le plan de l'expérience nationale est presque toujours prodigieusement universel. Les grands génies se rejoignent, finissent par parler la même langue.

A lire les folkloristes d'autrefois, on croirait que la poésie populaire est caractérisée par l'heureuse et facile acceptation de son sort par le peuple. Les premières collections systématiques de chansons et de textes populaires français ont été entreprises au milieu du XIXe siècle sur l'initiative des ministres du Second Empire. Ceci explique peut être le soin, conscient ou inconscient, apporté à l'étude de tout ce qui permet de croire à un « bon vieux temps », à un âge d'or rural archaïque, à un paradis perdu du brave paysan, heureux sur sa glèbe comme un poisson dans l'eau, et la négligence persistante (au contraire) de tout ce qui est, dans le folklore, l'expression du malheur, de la révolte et de la revendication. Un folkloriste américain opposait il y a quelques années, avec un simpliçisme aggressif, la tradition démocratique et généreuse du folklore américain à notre propre tradition « *arriérée et aristocratique* ». C'est une illusion d'optique assez déconcertante. Il y a beaucoup de naïveté à assimiler mécaniquement les innombrables fils de roi et beaux seigneurs de la chanson paysanne française à leur équivalent sociologique, et à mettre l'accent sur le caractère « *arriéré et aristocratique* » de ces fables. Et il faut quelque ignorance, assaisonnée d'un rien de mauvaise foi, pour croire sur parole ceux qui décrivent la vie profonde du peuple français, en se fondant sur quelques chansons mal comprises et quelques recueils tronqués, comme une fête perpétuelle, attendrissante et nostalgique. En réalité, la poésie populaire française est loin de donner l'impression fallacieuse d'une bergerie sentimentale et folklorique. Elle ne se limite pas à l'apport rural, au demeurant beaucoup plus âpre et violent qu'on ne voudrait le faire croire, et il faut truquer et tronquer beaucoup l'héritage de notre poésie orale pour en faire une grande berceuse destinée à assagir le peuple, comme on l'a tenté à plusieurs reprises. Lorsqu'Aragon écrivit pendant la guerre, dans la préface aux *Yeux d'Elsa, « J'adore* Auprès de ma blonde *et* J'ai descendu dans mon jardin, *mais il faut bien le dire de façon colorée : on nous scie les pieds avec le folklore ces temps-ci »,* il avait tout-à-fait raison. On ne nous sciait pas seulement alors les pieds, mais on voulait nous scier bras et jambes. Le folklore qu'on choisissait à l'intention du peuple français l'était ad *usum delphini.* On proposait à notre admiration et à nos regrets une vieille France sans conflits et sans problèmes, sans soucis et sans malice, où tout le monde se donnait gentiment et rustiquement la main dans une ronde naïve et colorée. J'avoue en avoir été, comme pas mal d'autres, la dupe, et que ce n'est qu'en approfondissant avec les années mes recherches que j'ai découvert les vrais accents dominants de la poésie populaire française.

Il serait évidemment absurde de définir celle-ci comme une longue plainte ou comme une interminable rébellion. Il y a dans nos chansons et nos contes, nos proverbes et nos comptines une immense ressource de joie et de plaisir. La chanson populaire française n'est pas seulement ce que croyait Jean-Jacques Rousseau, elle n'a pas été conçue *« pour écarter quelques instants l'ennui, si l'on est riche, et pour supporter plus doucement la misère et le travail, si l'on est pauvre ».* Oui, la poésie populaire est aussi une évasion, une consolation et un apaisement.

Évasion? Consolation? Apaisement? Est-ce que ce sont les mots justes? Il en est de la poésie comme de la musique, que cette poésie soit « populaire » ou « savante », que cette musique soit « légère » ou « classique ». Le chant, chant des mots, chant des notes, ne naît pas pour nous faire oublier davantage la tristesse ou le malheur qui l'inspirent que pour effacer l'allégresse ou la joie qui le suscitent. La poésie n'est pas une décoration, un enjolivement, un *cache-misère :* elle est la vérité en fleur, que ce soit l'amère vérité du mal, des guerres, de la cruauté, de la servitude, ou au contraire la vive vérité des grâces de la vie et des bonheurs du monde. Les soldats malgré eux, les galériens au banc de la chiourme, les esclaves dans les plantations ne chantaient pas *autre chose* que leur captivité, leur souffrance, leur servitude : mais de leur malheur s'élevait un chant, de leur nuit la frêle et inextinguible clarté de la poésie. « Parler pour parler, c'est la formule de délivrance » dit Novalis. On pourrait reprendre son aphorisme. « Chanter pour chanter, c'est la formule de délivrance ». Que le chant soit « lettré » ou « populaire ».

Claude Roy

TABLE DES CHANSONS

Au clair de la lune

Au clair de la lune
Mon ami Pierrot
Prête-moi ta plume
Pour écrire un mot.
Ma chandelle est morte
Je n'ai plus de feu
Ouvre-moi ta porte
Pour l'amour de Dieu.

Au clair de la lune
Pierrot répondit :
« Je n'ai pas de plume
Je suis dans mon lit.
Va chez la voisine
Je crois qu'elle y est
Car dans sa cuisine
On bat le briquet. »

Au clair de la lune
L'aimable Lubin
Frappe chez la brune
Elle répond soudain :
« Qui frappe de la sorte ? »
Il dit à son tour :
« Ouvrez votre porte
Pour le dieu d'Amour. »

Au clair de la lune
On n'y voit qu'un peu.
On chercha la plume
On chercha du feu.
En cherchant de la sorte
Je ne sais ce qu'on trouva
Mais je sais que la porte
Sur eux se ferma.

La plus populaire de nos chansons enfantines est aussi celle dont l'histoire est la plus mystérieuse. Auteur et compositeur en sont inconnus.

La chanson est à la mode à Paris vers 1780, comme *Cadet Rousselle,* comme *Malbrough.* L'air est celui d'une contredanse* en vogue quelques années plus tôt, qui utilise le timbre* dit de *La Rémouleuse.*

Pierrot, comme Arlequin, est un personnage du répertoire de la commedia dell'arte : Piero, ou Pedrolino, portait un chapeau conique blanc, un pantalon gris et une longue écharpe. Son visage n'était pas masqué, mais poudré de farine blanche. Le rôle est repris à la fin du XVIIe siècle (1673), sur les scènes parisiennes, par Giuseppe Giratone. Le costume est désormais blanc, la blouse ample. Pierrot se tient en scène pieds joints et bras ballants; son visage est toujours enfariné.

La rêverie de Pierrot contraste avec la sensualité de Lubin. Dans une ballade de Marot, Lubin était un moine débauché. *Georges Dandin,* de Molière, met en scène Lubin, valet un peu balourd mais galamment empressé auprès de Claudine, une forte luronne.

La célébrité de Pierrot grandit au XIXe siècle, lorsque Gaspard Debureau et son fils Charles popularisent le personnage au Théâtre des Funambules. Lubin est oublié. Si Du Mersan publie tous les couplets d'*Au clair de la lune* dans les *Chansons nationales et populaires de France* en 1846, il ne retient que les deux premiers pour les *Chansons et rondes enfantines :* les aventures de Lubin sont par trop galantes!

L'air d'*Au clair de la lune* fut utilisé en 1820 par Boïeldieu dans un opéra, *Les Voitures versées.* A la demande du compositeur, l'Italien Balochi écrit les paroles suivantes :

O lieto momento
Bel premio d'amor!
Di dolce contento
Mi palpita il cor.
Già splendor serene
Le stelle nel ciel
Consola, o mio bene
Quest'alma fedel.

(Ô moment de bonheur
Récompense d'amour!
De doux contentement
Palpite mon cœur.
Voici briller, sereines
Les étoiles au ciel
Console, ô mon amour
Mon âme fidèle.)

Une cinquantaine d'années plus tard, apparaît une comptine sur l'air d'*Au clair de la lune.* Elle se chante encore :

Au clair de la lune
Trois petits lapins
Qui mangeaient des prunes
Comme trois petits coquins

La pipe à la bouche
Le verre à la main
En disant : « Mesdames
Versez-moi du vin
Tout plein ! »

Une tradition tenace attribue à Lully la composition de l'air d'*Au clair de la lune*. La source en serait un air de ballet de *Cadmus,* qu'il composa en 1674. Mais l'examen de la partition n'est guère concluant. Quoi qu'il en soit, cette tradition a inspiré à Longuet le livret d'un opéra-comique en un acte, qu'il écrivit en 1870 : *Au clair de la lune.* L'ouverture se fait sur l'air du début de la chanson, en un mouvement de valse.

Le sujet de cette courte pièce est le suivant : le jeune Lully, cuisinier, veut écrire à la Grande Mademoiselle : « ... Quel bonheur si elle m'accorde ce que je lui demande !... Si elle me fait entrer dans les violons du Roi !... Non, décidément, je ne suis pas né pour être cuisinier. » Il charge monsieur Tourteau, un pâtissier qui se pique de littérature, d'écrire la lettre. Monsieur Tourteau, par malheur, n'a ni plume ni chandelle ; or il fait déjà nuit noire. Ils vont frapper chez Pierrot, écrivain public.

Pierrot (en colère) : « Que voulez-vous ? Pourquoi venez-vous me déranger ? » Monsieur Tourteau prononce alors d'un air suppliant les mots suivants :

Au clair de la lune
Mon ami Pierrot
Prête-moi ta plume
Pour écrire un mot
Ma chandelle est morte
Je n'ai plus de feu
Ouvre-moi ta porte
Pour l'amour de Dieu.

A la scène suivante, Lully s'efforce de mettre en musique les paroles de Monsieur Tourteau ; il les chante ensuite en s'accompagnant au violon ; la scène se termine joyeusement : tous les personnages reprennent en chœur la chanson. La Grande Mademoiselle, qui l'entend, la trouve charmante : Lully est nommé page, il pourra écrire toute la musique qu'il désire.

La pièce est drôle. L'histoire de Lully est véridique : il fut au service de la Grande Mademoiselle avant de devenir violon du Roi. Rien, toutefois, n'autorise à lui attribuer l'air de la chanson.

Le refrain d'une chanson du *Recueil des plus belles et excellentes chansons en forme de voix-de-ville* de Chardavoine, en 1576, présente une succession de notes, sur lesquelles se chantent le vers suivant :

Gaudinette je vous aime tant.

Ces notes sont les mêmes que celles de *Au clair de la lune, mon ami Pierrot.*

C'est trop peu pour que l'on puisse en faire l'air qui aurait donné naissance à *Au clair de la lune.*

Dans un recueil paru à Lyon en 1553, *Chansons nouvelles composées sur les plaisants chants qu'on chante à présent,* les derniers vers d'une chanson présentent une fragile ressemblance avec notre chanson : il fait nuit ; la belle refuse d'ouvrir à son galant, qui est sous sa fenêtre.

Las, je suis toute nue
Et si courte tenue
Que ne vous puis aider.
Si faisait belle lune
J'écrirais d'une plume :
Bon soir vous soit donné.

Alouette, gentille alouette

Refrain
Alouette, gentille alouette,
Alouette, je te plumerai.

Je te plumerai la tête *(bis)*
Et la tête *(bis)*
Alouette *(bis)*
Ah! Ah...

Je te plumerai le bec *(bis)*
Et le bec *(bis)*
Et la tête *(bis)*
Alouette *(bis)*
Ah!

Je te plumerai les yeux

Je te plumerai le cou

Je te plumerai les ailes

Je te plumerai les pattes

Je te plumerai la queue

Je te plumerai le dos.

Cette chanson est extrêmement populaire au Québec et chez les Français d'Amérique, mais il est difficile de savoir dans quel sens notre alouette a traversé l'Atlantique.

Certains affirment qu'elle est inspirée d'une ancienne mélopée indienne et qu'elle serait née de l'autre côté de l'océan.

Un recueil publié à Chicago en 1946 la présente comme un air de la vieille tradition française des gens de Vincennes – ville de l'Indiana ainsi baptisée par les Français qui la peuplèrent lorsqu'ils colonisèrent cette région de l'Amérique.

On la trouve cependant répandue dans de nombreuses régions de France au milieu du XIXe siècle, avec une variante fréquente dans laquelle le merle remplace l'alouette.

On chante par exemple dans les Ardennes :

J'attrape une alouette
Je lui plume le bec
Le bec de l'alouette
Et li lon la, j'attrape une alouette

puis Je lui plume la tête, la crête, l'œil, l'autre, une aile, l'autre aile, une patte, l'autre patte, la queue,

et en Cambrésis :

Il a perdu son bec
Comment pourrait-il chanter
Ce merle
Comment pourrait-il chanter?

Il a perdu un œil, son bec,
Comment pourrait-il chanter
Ce merle
Comment pourrait-il chanter?

puis

deux yeux, trois doigts, quatre ongles, etc.

Ces versions nombreuses et variées laissent supposer que la chanson est implan-

tée en France depuis longtemps. L'alouette est d'ailleurs en France un des oiseaux les plus populaires avec le pinson (auquel il est associé dans « L'alouette et le pinson/Ont voulut se marier... ») et le rossignol. Le refrain suivant était assez connu pour avoir été transcrit au début du XVe siècle sur un manuscrit italien conservé à Florence :

Gi ay l'alo, l'alo, l'aloetta,
Gi ay l'aloetta que s'envay!

On peut noter que, dans la tradition de la chanson française, l'oiseau représente volontiers le corps de la femme aimée ; le plumer, c'est aussi déshabiller l'amante. L'énumération des parties du corps de la femme constitue l'essentiel de certaines chansons anciennes. Ainsi, au XVIIIe siècle, le *Recueil de chansons historiques du temps* contient le texte suivant :

La Catelinette
...
La jambe longuette
Le genou tout rond
La main rondelette
Le sourcil bien fait
La peau bien blanchette
Le bichon poli
Le ventre doucet
Le téton duret
Le menton fourquet
Les dents bien blanchettes
La bouche vermeille.

On peut donc imaginer que, comme beaucoup de chansons du répertoire enfantin, la chanson de l'alouette est une transcription pudique de textes polissons.

Arlequin tient sa boutique

Refrain
Ah, monsieur Po!
Ah, monsieur Li!
Ah, monsieur Chi!
Ah, monsieur Nelle!
Ah, monsieur Polichinelle!

Arlequin tient sa boutique
Sur les marches du palais.
Il enseigne la musique
A tous ses petits valets.

Il vend des bouts de réglisse
Meilleurs que votre bâton,
Des bonshommes en pain d'épices
Moins bavards que vous, dit-on.

Il a des pralines grosses
Bien plus grosses que le poing,
Plus grosses que les deux bosses
Qui sont dans votre pourpoint.

Il a de belles oranges
Pour les bons petits enfants
Et de si beaux portraits d'anges
Qu'on dirait qu'ils sont vivants.

Il ne bat jamais sa femme
Ce n'est pas comme chez vous.
Comme vous il n'a pas l'âme
Aussi dure que cailloux.

Vous faites le diable à quatre
Pour calmer votre courroux.
Le diable viendra vous battre.
Le diable est plus fort que vous.

Les paroles de cette chanson figurent dans le recueil des *Rondes et Chansons enfantines* de Du Mersan (1846). Elles se chantent sur un air de contredanse*, noté au XVIIIe siècle, dans la *Clé du caveau,* comme timbre* d'une chanson ayant pour titre *Ma commère quand je danse.*

Sur ce même air se chante un noël béarnais :

Entendez-vous sur nos têtes
Les aubades qui sans fin
Chantent au son des trompettes
Un beau Noël ce matin...

La chanson met en scène deux personnages traditionnels de la commedia dell'arte : Polichinelle, bossu et grognon, affligé de tous les défauts, sert de repoussoir au tendre Arlequin, généreux dispensateur de friandises.

La commedia dell'arte fut introduite en France par les acteurs italiens, qui sillonnèrent l'Europe dès le XVIe siècle.

Au milieu du XVIIe siècle, une compagnie donne régulièrement des spectacles au Palais-Royal, en alternance avec la troupe de Molière. Dans le répertoire italien, les emplois étaient distribués de la façon suivante : deux vieillards, un capitan, deux couples de jeunes amoureux, une soubrette et deux valets, au moins. Arlequin est l'un d'entre eux. Voici le portrait qu'en faisait l'écrivain Marmontel (1723-1799) : « ... mélange d'ignorance, de naïveté, d'esprit, de bêtise et de grâce ; c'est une espèce d'homme ébauché, un grand enfant qui a des lueurs de raison et d'intelligence, et dont les méprises ou les maladresses ont quelque chose de piquant ». A l'époque où Marmontel écrit ces lignes, Arlequin est devenu un personnage populaire du répertoire dramatique en France. Le XVIIIe siècle, en effet, a applaudi *Arlequin au sabot, Arlequin misanthrope, Arlequin sultane favorite, Arlequin et Pantalon sans femmes, Arlequin astrologue, Arlequin empereur dans la lune,* etc. En 1721, Marivaux avait fait de cette silhouette un personnage, dans *Arlequin poli par l'amour.*

Cet engouement se traduit par l'apparition, en 1746, de jouets nouveaux, les pantins : « Dans le courant de l'année, on a imaginé à Paris des joujoux qu'on appelle des pantins, pour d'abord faire jouer les enfants, et qui ont servi ensuite à amuser tout le public. Ce sont de petites figures faites de carton, dont les membres sont séparés, et attachés par des fils pour pouvoir jouer et remuer... représentant un Arlequin, Scaramouche, mitron... » (*Journal* de Barbier).

Ce jouet articulé, aux mouvements saccadés, reproduit parfaitement les mouvements dansants du personnage. Les acteurs de la commedia dell'arte alliaient en effet à l'art dramatique celui de la danse et de la musique.

Sous le Second Empire, la mode se développe, sur les grands boulevards, des théâtres de marionnettes, et la chanson continue de faire la joie des enfants.

Plus tard, dans une version notée en 1886 dans les *Nouvelles Chansons et Rondes enfantines* de Weckerlin, Arlequin devient un personnage cocasse : un père, pauvre ou avare, qui marie sa fille de façon pitoyable.

Arlequin marie sa fille
La petite Pétronille
Il la marie à Pierrot.

Il lui donne en mariage
Du pain sec et du fromage
Et du sel plein son sabot.

Boiteux était le notaire
Borgne était Monsieur le Maire
Et l'adjoint était manchot.

A ce joyeux hyménée
Assistait une nichée
De serins et de pierrots.

Mais ce bonhomme dérisoire n'est guère passé à la postérité. On continue de lui préférer l'Arlequin léger de la chanson originale.

Polichinelle

Refrain
Pan! Qui est-ce qu'est là?
C'est Polichinelle, Mam'zelle.
Pan! Qui est-ce qu'est là?
C'est Polichinelle que v'là.

Il est mal fait
Et craint de vous déplaire,
Mais il espère
Vous chanter son couplet.

Voyez comme il avance
En gardant le silence.
Voyez comme il avance
En gardant la cadence.

Ce sont les chats, les rats
Qui s'en vont à la guerre.
Ce sont les chats, les rats
Qui s'en vont au combat.

C'est la perdriole
Qui vole, qui vole.
C'est la perdriole
Qui va, qui vient, qui vole.

Pulcinella (devenu en français Polichinelle) est un personnage traditionnel de la comédie italienne, comme Arlequin ou Scaramouche. L'origine de son nom reste obscure : vient-il de Paolo Anella, comique napolitain du XIIIe siècle, ou de Puccio d'Aniello, paysan napolitain facétieux engagé par une troupe de comédiens ambulants au hasard d'une tournée ? Peut-être est-ce un diminutif ironique de Pulcino, « poussin » ! Pulcinella n'a pas de bosse ; il porte un demi-masque noir au-dessus d'un long nez crochu, il est coiffé d'un bonnet gris pointu et vêtu d'une camisole et d'un pantalon blancs. C'est un personnage dépourvu de scrupules, quelque peu dépravé, mais pas ridicule.

C'est sous le règne de Charles IX, fils du roi Henri II et de la reine Catherine de Médicis, d'origine italienne, que Polichinelle devient célèbre en France. Au cours des ans son costume s'enrichit : le pourpoint de belle étoffe, terminé en pointe au bas du ventre, évoque le vêtement masculin à la mode sous Henri III, frère et successeur de Charles IX. Les deux bosses figurent peut-être la cuirasse bombée des guerriers du XVIe siècle ; elles confèrent en tout cas au personnage un aspect grotesque qui va contribuer à sa popularité : au XVIIe siècle, un montreur de marionnettes, Brioché, présente à la Foire de Saint-Germain le pantin Polichinelle : ses deux bosses, son nez crochu et sa voix rauque ravissent les badauds.

Le pantin devient vite un jouet fort prisé des enfants. Le XIXe siècle le réservera aux petits garçons... les fillettes ne devant point jouer avec une poupée aussi laide. Voici le dialogue imaginé par Du Mersan, pour introduire son recueil de *Chansons et Rondes enfantines* en 1848 :

CHARLOTTE : « Mon papa, mon frère ne veut pas me prêter son Polichinelle.
MONSIEUR DORSAN : – Mais, ma fille, un Polichinelle n'est pas un joujou pour une demoiselle. N'avez-vous pas votre poupée ?
CHARLOTTE : – Oui, mais ma poupée n'est pas si drôle que le Polichinelle qui remue les bras, les jambes et les yeux. »

Et jusqu'à la Première Guerre mondiale, Polichinelle sera le jouet traditionnellement offert aux petits garçons pour les étrennes du Nouvel An.

Gentil coquelicot

Refrain
Gentil coquelicot, Mesdames,
Gentil coquelicot nouveau.

J'ai descendu dans mon jardin *(bis)*
Pour y cueillir du romarin.

Pour y cueillir du romarin *(bis)*
J'en avais pas cueilli trois brins.

Qu'un rossignol vint sur ma main
Il me dit trois mots en latin
Que les hommes ne valent rien
Et que les garçons encore bien moins
Des dames il ne me dit rien
Mais des demoiselles beaucoup de bien.

GENTIL
COQUELICOT
ÉTUDE
ARRETS

La chanson fait partie du recueil *Chansons et Rondes enfantines,* publié en 1846 par Du Mersan, qui dit l'avoir entendue dans les squares de Paris.

Le refrain « Gentil coquelicot, mesdames, gentil coquelicot nouveau » serait une invention des Parisiens... à moins que l'auteur inavoué n'en soit Du Mersan lui-même.

Le thème de la belle qui descend au jardin et y entend le rossignol, court à travers les siècles dans bien des chansons françaises. La chanson-mère de ce répertoire est une chanson de toile* du XIIe siècle, oubliée de la mémoire populaire, *Belle Aelis.*

Main se leva la bien faite Aelis
Vos ne savés que li lousegnols dit.
Il dist c'amours par faus amans perist.
Voir se dist li lousegnols
Mai je di que cil est fols
Qui d'amor se veut partir.

Et pour çou que j'ai bone amor
Keudrai la violete au jour
Sons la raime.
Bien doit quellir violette
Qui par amours aime.

Le rousegnols nos dit en son latin :
Amant amés, joie arés a tous dis
Ki set amer, joie atent
Et ki d'amer se repent
Ne peut joie recouvrer.

Si s'en entra la belle en un gardin
Li rousegnols un sonet li a dit :
Pucele, amés, joie arés et delit.

(De bon matin se leva la bien faite Aelis
Vous ne savez ce que dit le rossignol,
Il dit qu'amour périt par les amants trompeurs
C'est ce que dit le rossignol,
Moi, je dis qu'il est bien fou
Celui qui amour veut fuir

Et, parce que j'ai bonne amour,
Cueillerai la violette au jour
Sous la ramée.
Qu'il cueille la violette,
Celui qui aime d'amour

Le rossignol nous dit en son latin :
Amants aimés, joie aurez à tous deux
Qui sait aimer, joie attend ;
Qui d'aimer se repent
Ne peut joie retrouver.

Ainsi la belle entra dans un jardin,
Le rossignol un sonnet lui a dit :
Demoiselle, aimez, joie et délices aurez.)

Les trois thèmes qui se répondent dans cette longue chanson – le jardin, la cueillette et le rossignol – vont s'ordonner plus tard dans d'autres chansons, comme en des versions simplifiées de *Belle Aelis.* Toutes commencent là où finit *Belle Aelis :* au moment où la belle descend au jardin.

Ce sont, par exemple, deux textes d'un manuscrit florentin du XVe siècle :

Un bien matin me levay
En un giardin m'en entray...

et aussi

Ge me levay un matin,
Ay loin, loin ;
Intray m'en en un giardin...

une chanson du *Recueil des plus beaux airs* de Mangeant, en 1615 :

Je me levai par un matin
La fraîche matinée
Je m'en allai à mon jardin...

et, dans les *Rondes* de Ballard, en 1724 :

Me suis levée par un matin
Amour tu n'entends point
M'en suis allée dans mon jardin...

Une version recueillie dans le Vivarais commence ainsi :

J'ai pris la clé de mon jardin...

L'instant de la cueillette devient essentiel : il prélude à un message amoureux. Le nom des fleurs cueillies varie ; leur nombre est souvent fixé à trois.

Manuscrits de Florence du XVe siècle :

Un ciapelet (petit chapeau) *en ferai*
et
Pour culhir la violeta

Recueils de Mangeant : en 1602

Pour cueillir la soucie
Je n'en eus pas cueilli trois brins

et en 1615

Pour cueillir giroflée
Et giroflée et romarin
Lavande cotonnée
...
Las, je n'en cueillis pas trois brins

Ballard, 1724 :

Pour y cueillir du romarin
Je n'en eus pas cueilli trois brins

Quant au rossignol, il est parfois pris comme messager entre la belle et son ami :

Un ciapelet en ferai
A mon ami la derai.
Par chui lo li trameterai ?
Par le rosinholet gai.

(J'en ferai un petit chapeau
A mon ami le donnerai.
Par qui le lui transmettrai-je?
Par le gai rossignolet).
(*Manuscrit de Florence*, XVe siècle.)

Son rôle a quelque peu changé, depuis *Belle Aelis*. Il exaltait alors l'amour courtois, dans l'un des refrains :

Fin amour loyal
Est bon à maintenir.

Et pour avoir su aimer
Amie ai à ma volonté.

Tant me plaît le déduit d'amour.

Si j'avais nuit sans amour
Je voudrais mourir au jour.

Désormais, il est, le plus souvent, un conseiller désabusé. Le fin amour n'est plus. Son code subtil laisse place à une méfiance désenchantée :

Le doux rossignol y vint
Qui me disait en son latin :
« Fille, croyez-moi, n'aimez point
Car les garçons ne valent rien,
Et les hommes encore moins. »
(Ballard, 1724.)

Parfois, la caille remplace le rossignol :

La caille dit en son latin
Que les hommes ne valent rien.
Pour les femmes je n'en dis rien
Mais pour les filles, je les soutiens.

Et, en réponse à toutes ces versions « féministes », on chante parfois :

Le rossignol dit en latin
Que toutes ces femmes ne valent rien
Et pour ces filles encore moins.
Pour ces garçons je les soutiens.

Dans de nombreuses versions, ce n'est pas le rossignol qui vient, mais l'amant en personne. Ainsi, dans le recueil de Mangeant en 1602 :

Mon ami arrive
Lequel me requit d'un baiser.
Ne l'osai éconduire.

Prenez-en deux, prenez-en trois
Passez-en votre envie.

ou bien, dans la version du Vivarais :

J'ai vu venir mes amourettes
Approchez-vous, gentil galant
Nous parlerons, deviserons
Vous parlerez à votre amante.

Très souvent, la chanson prend une tournure polissonne. Chardavoine publie, en 1576, le couplet suivant :

Un jour madame Perrette
Me mena dans son jardin
Me donna par amourette
Un bouquet de romarin,
Et autre chose, et tout,
Que je n'ose dire, dire, dire,
Et autre chose, et tout,
Je ne vous dirai meshui tout.

La chanson est reprise par Bonfons en 1581. Elle est inscrite au répertoire de Gaultier-Garguille : de Perrette, l'héroïne est devenue Pasquette.

En 1602, Launay publiait une chanson leste, dont voici le cinquième couplet :

M'amye un soir
Était dans un jardin.
S'alla s'asseoir
Proche d'un romarin.
Là je lui manie les tétins.

Auprès de ma blonde

Refrain
Auprès de ma blonde
Qu'il fait bon, fait bon, fait bon,
Auprès de ma blonde
Qu'il fait bon dormir.

Au jardin de mon père,
Les lilas sont fleuris } *(bis)*
Tous les oiseaux du monde
Viennent y faire leur nid.

Tous les oiseaux du monde
Viennent y faire leur nid } *(bis)*
La caille, la tourterelle
Et la jolie perdrix.

Et ma jolie colombe
Qui chante jour et nuit.
Qui chante pour les filles
Qui n'ont pas de mari.

Pour moi ne chante guère
Car j'en ai un joli.

Dites-nous donc, la Belle,
Où est donc votre mari?

Il est dans la Hollande
Les Hollandais l'ont pris.

Que donneriez-vous, Belle,
Pour ravoir votre mari?

Je donnerais Versailles,
Paris et Saint-Denis,

Les tours de Notre-Dame
Et l' clocher d' mon pays,

Et ma jolie colombe
Qui chante jour et nuit.

Cette chanson s'inspire de deux thèmes anciens : celui du « jardin de mon père », fleuri et bercé par le chant des oiseaux, et celui de la belle dont l'ami est parti au loin.

Une romance du *Chansonnier de Bayeux* (XVe siècle) nous dit :

Au jardin de mon père
Il y croist un rousier.
Trois jeunes demoiselles
Si s'y vont umbragier.

Et dans le *Manuscrit de Lucques,* daté de 1575 et dû à J. Balbani, Italien émigré en Flandre, on trouve une chanson qui se termine ainsi :

Qu'attendez vous les belles ?
Qu'attendes vous icy ?
– Nous attendons le moys de may
Nous sommes au mois d'avril.
Quand toutes jeunes dames
Quierent nouveaux amys
Je ne le dis point pour moy
Car j'en ay un gentil
Il n'est point en France
Ne en ce pays icy
Il est en Angleterre
Il sert le roi Henry
– Que me donnez-vous, belle
Si je l'iray querir ?
– Je vous donray Bolongne (Boulogne)
Bruges Gand et Paris
Et la clere fontaine
Quy sort en no jardin.

Telle que nous la connaissons, la chanson n'apparaît qu'en 1704, sous le titre *Le Prisonnier de Hollande,* ce qui laisse supposer qu'elle fut écrite à l'époque de la Guerre de Hollande, qui opposa les Pays-Bas à Louis XIV. On a attribué les paroles à un jeune homme, nommé Joubert, pris en otage lors du débarquement des Hollandais dans l'île de Noirmoutier en 1674. Si rien ne prouve qu'il soit l'auteur de la chanson, il se peut qu'elle ait été écrite à cette occasion. En tout cas, c'est à partir de ce moment-là que les Hollandais se substituent aux Anglais du manuscrit de Lucques :

Il est en Angleterre
Il sert le roi Henri.

devient

Il est dans la Hollande
Les Hollandais l'ont pris

Les Canadiens, eux, chantent :

Les Irlandais l'ont pris.

Dès son origine, cette chanson de marche eut une immense popularité auprès des fantassins qui, de la bataille de Denain, en 1712, à l'entrée dans Tananarive, en 1895, et jusque dans les tranchées de la Grande Guerre, avancèrent hardiment à son rythme. Ils l'ont répandue, avec des variantes portant surtout sur les noms de lieux, dans toute la France, en Suisse et au Canada. Son air, gai et tendre, est plus ancien que les paroles et pourrait remonter au début du XVIe siècle.

Nous n'irons plus au bois

Refrain
Entrez dans la danse
Voyez comme on danse.
Sautez, dansez,
Embrassez qui vous voudrez.

Nous n'irons plus au bois
Les lauriers sont coupés.
La belle que voilà
Ira les ramasser.

La belle que voilà
La laisserons-nous danser?
Et les lauriers du bois
Les laisserons-nous faner?

Non, chacun à son tour
Ira les ramasser.
Si la cigale y dort
Ne faut pas la blesser :

Le chant du rossignol
Viendra la réveiller,
Et aussi la fauvette
Avec son doux gosier,

Et Jeanne la bergère,
Avec son blanc panier,
Allant cueillir la fraise
Et la fleur d'églantier.

Cigale, ma cigale,
Allons, il faut chanter,
Car les lauriers du bois
Sont déjà repoussés.

Une chanson du *Premier livre des chansons en forme de vaudeville** publié en 1578 par Le Roy et Ballard a pour refrain : « Las! je n'irai plus jouer au bois. »

Las! je n'irai plus jouer au bois.
Hier au matin m'y levai
En notre jardin entrai.
Las! je n'irai plus jouer au bois.

En notre jardin entrai.
Trois fleurs d'amour j'y trouvai
Las! je n'irai plus jouer au bois.

Trois fleurs d'amour j'y trouvai.
Une en pris, deux en laissai.
Las! je n'irai plus jouer au bois.

Une en pris, deux en laissai
A mon ami l'enverrai.
Las! je n'irai plus jouer au bois.

A mon ami l'enverrai,
Qui sera joyeux et gai.
Las! je n'irai plus jouer au bois.

Les jeux badins dans le bois sont devenus deux siècles plus tard des danses galantes, dans les *Brunettes ou petits airs tendres,* chez Ballard en 1711 :

Nous n'irons plus aux champs,
Brunette
...
Jusqu'au printemps
Danser dans l'herbette,
Hélas! hélas! il faut quitter ces lieux
Où tous les jours j'adorais vos beaux yeux.

Et l'on retrouve le début de notre chanson dans des rondes enfantines, où fleurs et lauriers sont autant de baisers d'amour.

En Champagne, les fillettes chantaient :

Nous n'irons plus au bois
Les lauriers sont coupés.
La bergère que voilà
Oh, laissons-la passer.

J'entends dire au bois joli :
C'est l'amour qui nous mène.
Embrassez celle qui vous plaira
Pour soulager vos peines.

A Cambrai, les lauriers sont devenus des roses :

Nous n'irons plus au bois
Les roses y sont cueillies.
La belle que je tiens
Je la laisse échapper.

A Périgueux, la ronde illustre la quête amoureuse, d'une façon quasi précieuse : c'est au bois de Cythère que l'on va, c'est-à-dire au bois d'Amour (l'île de Cythère était une des patries de la déesse Aphrodite).

Pour aller au bois de Cythère
Il est plus difficile que l'on croit.
Les chemins sont tout de travers
Il faut traverser les grands bois.

Mademoiselle qui êtes dans la ronde
Que faites-vous au milieu de ce bois?
Vous en abattez trois branches
Ou bien vous n'en sortirez pas.

L'air sur lequel nous chantons *Nous n'irons plus au bois* a été composé sur les premières notes du *Kyrie* de la messe *De Angelis.* Sur le même air se chantait le premier vers d'un poème de Clément Marot : *Quand vous voudrez faire une amie;* Marot y demande que cette amie soit

Dansant, chantant par bons accords
Et ferme de cœur et de corps.

Les notes du *Kyrie* servirent aussi à chanter des sujets moins édifiants; une ronde du XVIIIe siècle commence, sur le même air :

Entre Paris et Saint-Denis
Il y a une danse
Où toutes les femmes du pays
Sont alentour qui dansent.

La suite est gaillarde : un passant, trop court vêtu d'une seule chemise, attire leurs regards. L'une des dames emmène fort obligeamment le monsieur frigorifié pour le réchauffer dans son lit. La chanson est bien sûr l'ancêtre du *Grenadier des Flandres,* fleuron du répertoire paillard :

C'était un grenadier
Qui revenait de Flandres (bis)

L'était si court vêtu
Qu'on lui voyait le membre
Tambours, battez la générale
Tambours, battez toujours
La nuit comme le jour.
La générale bat, ne l'entendez-vous pas ?

Une dame de charité
L'emmena dans sa chambre (bis)
Alluma un fagot
Pour lui chauffer le membre
Tambours, battez la générale

Sur un air inspiré lui aussi des notes du *Kyrie*, une anthologie française de 1760 contient un *Portrait des Diables,* qui sent le soufre et l'obscénité :

Ils ont la peau d'un rôt qui brûle
Le front cornu
Le nez fait comme une virgule
Le pied fourchu
Le fuseau dont filait Hercule
Noir et tortu
Et pour comble de ridicule
La queue au cul.

Le furet

Il court, il court, le furet,
Le furet du bois, Mesdames,
Il court, il court, le furet,
Le furet du bois joli.
Il a passé par ici,
Le furet du bois, Mesdames,
Il a passé par ici,
Le furet du bois joli.

Si le furet n'est pas cité dans la longue liste des jeux pratiqués par Gargantua, on sait qu'il fut très prisé quelques décennies plus tard à la cour de la reine Margot (1553-1615). Louis XIV y joua, et à la cour de Louis XV il prit ouvertement le caractère libertin que suggérait déjà une des *Chansons Musicales* de Pierre d'Attaignant datées de 1529 :

Mon père m'a mariée
A un vilain m'a donnée
Tout au long de la journée
De dormir il ne cesse

La la la
L'oisillon du bois Madame
La la la
L'oisillon du bois s'en va

C'est au cours d'une partie de furet que les sentiments jusque là diffus du narrateur de *La Recherche du Temps perdu* se précisent. Albertine devient l'élue de son cœur : «... je regardais avec envie le voisin d'Albertine, un jeune homme, en me disant que si j'avais eu sa place, j'aurais pu toucher les mains de mon amie pendant ces minutes inespérées qui ne reviendraient peut-être pas et eussent pu me conduire très loin. »

Le jeu consiste en effet à faire glisser de main en main, sur une ficelle que tiennent les joueurs placés en cercle, un anneau que doit découvrir une personne située au centre. Le joueur qui est pris l'anneau dans la main doit céder sa place et chercher à son tour le « furet ». Il arrive que l'on arrête le jeu chaque fois que la chanson se termine et l'on utilise plutôt, dans ce cas, pour la fin de la chanson, cette variante :

Il a passé par ici,
Il repassera par là,
Il est là.

La Mère Michel

Refrain
Sur l'air du tra la la *(bis)*
Sur l'air du tra déridéra
Et tra la la

C'est la Mère Michel qui a perdu son chat,
Qui crie par la fenêtre à qui le lui rendra.
C'est le Père Lustucru qui lui a répondu :
« Allez, la Mère Michel, votr' chat n'est pas perdu ! »

C'est la Mère Michel qui lui a demandé :
« Mon chat n'est pas perdu, vous l'avez donc trouvé ? »
Et le Père Lustucru qui lui a répondu :
« Donnez une récompense, il vous sera rendu. »

Et la Mère Michel lui dit : « C'est décidé
Rendez-le-moi mon chat, vous aurez un baiser. »
Et le Père Lustucru, qui n'en a pas voulu
Lui dit : « Pour un lapin votre chat est vendu. »

L'air sur lequel se chante *La Mère Michel* est bien connu depuis le XVIIe siècle. C'est celui d'une chanson de marche intitulé *Ah! si vous aviez vu Monsieur de Catinat,* communément appelée : *La Marche de Catinat,* composée après la victoire du Maréchal Catinat sur le Duc de Savoie à La Marsaille en 1693. Plusieurs chansons de marche ont emprunté cet air, comme *Grand Duc de Savoie, à quoi penses-tu ?* ou *Adieu donc, cher La Tulipe.*

« Il y a quelques années, plusieurs personnes avançèrent que l'air de *L'homme armé* était le même que celui sur lequel on chante les grotesques paroles, *C'est la Mère*

Michel qui a perdu son chat ; elles étaient sans doute induites en erreur par le rythme fortement scandé de l'air en question. » Cette remarque, que fit Bottée de Toulmon en 1836, nous permet de dater à peu près notre chanson : elle fut probablement composée aux environs de 1820. L'auteur des paroles est inconnu, mais cette petite comédie semble avoir été écrite pour être jouée, et les protagonistes font immédiatement penser aux personnages du Théâtre de Marionnettes. Le guignol, lancé à Lyon par Laurent Mourguet en 1795, était devenu très populaire à Paris aussi. Les créateurs de saynettes destinées au castelet restaient le plus souvent anonymes, comme celui de *La Mère Michel.*

Lustucru, dont le nom vient évidemment du jeu de mots : « L'eusses-tu cru ? » apparaît dans des chansons dès le XVIIe siècle. Le voici dans la *Contredanse* * *de la belle mariée,* – « belle » étant ici une façon de parler :

Les yeux brillants en vérité
Comme une carpe frite,
Sa tête est bien conditionnée
Ronde comme une étrille,

Un beau grand col long et carré,
Droit comme une faucille ;
Jamais Lustucru n'a forgé
Un si beau corps de fille.

La Mère Michel apparaît, elle, comme personnage attitré du guignol vers le milieu du XIXe siècle. Sa création date sans doute de la chanson. Dans les *Étrennes Chantantes* de 1853, on présente un dialogue entre elle et le docteur Isambart, et un livre d'enfant qui relate les démêlés de la Mère Michel et du Père Lustucru est publié à la même époque. La chanson connaît des développements nombreux, qui constituent tous une petite comédie destinée à amuser un jeune public :

Lors la Mère Michel est entrée en fureur
Et l' poursuivant chez lui l'appelait vieille horreur.
« Vous me l'avez volé, disait-elle, malotru
J' vais m' plaindre au commissaire et vous serez pendu. »

Et le Père Lustucru aussitôt lui répond :
« Chez le Père Rabat-Joie est votre vagabond
A ses chats dans l' grenier il fait la guerre, je crois
Avec un fusil d' paille et un sabre de bois. »

Or à deux pas de là ce chat si grand coureur
Roucoulait « miaou » en faisant l' joli cœur ;
Il avait vu Minette, Minette et ses amours :
Raminagrobis, lui, dressait son poil à rebours.

Et le Père Lustucru voulant faire un civet
Arrive à pas de loup et pince le minet ;
Puis lui tordant le cou, il répétait tout bas :
« J' vais bien me régaler en en faisant deux plats. »

Grégoire, de la rue, avait vu le coquin
Et la Mère Michel ayant payé du vin
Vite en duel courut provoquer Lustucru
Le tua, puis tout seul il s'en est revenu.

Et la Mère Michel fut si contente de ça
Que dès le lendemain Grégoire l'épousa.
« Prends, lui dit-elle, bien que j'aie le cœur contrit.
Oui, prends la peau d' mon chat pour faire un col d'habit. »

MERE Michel
Modiste
Lustucru
Rotisseur

Ah! tu sortiras biquette, biquette

Refrain

Biquette ne veut pas sortir du chou!
Ah! tu sortiras, Biquette, Biquette,
Ah! tu sortiras de ce chou-là!

On envoie chercher le chien
Afin de mordre Biquette
Le chien ne veut pas mordre Biquette

On envoie chercher le loup
Afin de manger le chien
Le loup ne veut pas manger le chien
Le chien ne veut pas mordre Biquette

On envoie chercher le bâton
Afin de frapper le loup
Le bâton ne veut pas frapper le loup
Le loup ne veut pas manger le chien
Le chien ne veut pas manger Biquette

On envoie chercher le feu
Afin de brûler le bâton

On envoie chercher de l'eau
Afin d'éteindre le feu

On envoie chercher le veau
Pour lui faire boire l'eau

On envoie chercher le boucher
Afin de tuer le veau

On envoie chercher le juge
Afin de juger le boucher

On envoie chercher la mort
Pour qu'elle emporte le juge
La mort veut bien emporter le juge
Le juge veut bien juger le boucher
Le boucher veut bien tuer le veau
Le veau veut bien boire l'eau
L'eau veut bien éteindre le feu
Le feu veut bien brûler le bâton
Le bâton veut bien assommer le loup
Le loup veut bien manger le chien
Le chien veut bien mordre Biquette

Refrain final

Biquette veut bien sortir du chou
Ah! tu es sortie, Biquette, Biquette,
Ah! tu es sortie de ce chou-là!

La chanson en forme de randonnée*, basée sur la désobéissance successive de tous les personnages, se retrouve dans tous les folklores : en Lorraine, le loup ne veut pas sortir du bois ; en Hollande, le petit cochon refuse d'avancer. C'est parfois un garçonnet qui fait la forte tête : en Hollande encore, Tennisje ne consent à aller à l'école que si on le porte ; Joggelé est un petit Alsacien qui refuse de cueillir les poires du verger ; en France, le jeune Bricou ne veut pas garder les choux.

Des personnages ou des objets appelés successivement à la rescousse, aucun n'accepte de punir la désobéissance du précédent. Tout s'inverse brutalement lorsque la Mort, ultime puissance invoquée, veut bien s'emparer du dernier personnage. La Mort n'est pas toujours là en personne : le diable souvent, la potence parfois, sont les détenteurs de sa puissance suprême. Dans une version de la fin du siècle dernier, la seule apparition de l'huissier suffit à réduire chacun à l'obéissance.

Une comptine de la région de Cambrai, *La Mouche,* traite sur le mode burlesque un récit à récapitulation dans lequel chacun, à tour de rôle, s'emploie à bousculer effrontément son voisin :

Il sortit un rat, de sa raterie,
Qui fit rentrer la mouche dans sa moucherie.
Rat à mouche,
Belle, belle mouche,
Jamais je n'ai vu si belle mouche.

Il sortit un chat, de sa chatterie,
Qui fit rentrer le rat dans sa raterie
Chat à rat,
Rat à mouche,
Belle, belle mouche,
Jamais je n'ai vu si belle mouche.

Il sortit un chien de sa chiennerie...
Il sortit un loup de sa louperie...
Il sortit un ours de son ourserie...
Il sortit un lion de sa lionnerie...
Il sortit un homme de son hommerie...
Il sortit une femme de sa femmerie...
Il sortit un abbé de son abberie...
Il sortit un pape de sa paperie...
Il sortit un diable de sa diablerie...

La source de ces chansons est peut-être un chant de la tradition juive. Dans le rituel de la semaine de Pessah – la Pâque – il clôt la célébration du premier soir :

Refrain

Un chevreau, un chevreau,
Pour deux sous mon père l'acheta,
Un agneau, un agneau.

Le chat mange l'agneau.
Le chien déchire le chat.
Le bâton frappe le chien.
Le feu brûle le bâton.
L'eau éteint le feu.
Le bœuf boit l'eau.
Le boucher égorge le bœuf.
L'ange de la Mort tue le boucher,
Mais Dieu frappe l'ange de la Mort.

Il s'est longtemps chanté en araméen, ce qui le fait peut-être remonter à l'époque de l'exil à Babylone, qui suivit la destruction du premier Temple de Jérusalem au VIe siècle avant Jésus-Christ. L'agneau symbolise le peuple juif persécuté, dont Dieu châtiera un jour les oppresseurs. Seul parmi toutes ces chansons à récapitulation, ce chant est porteur d'espoir : Dieu anéantit la puissance terrorisante de la Mort.

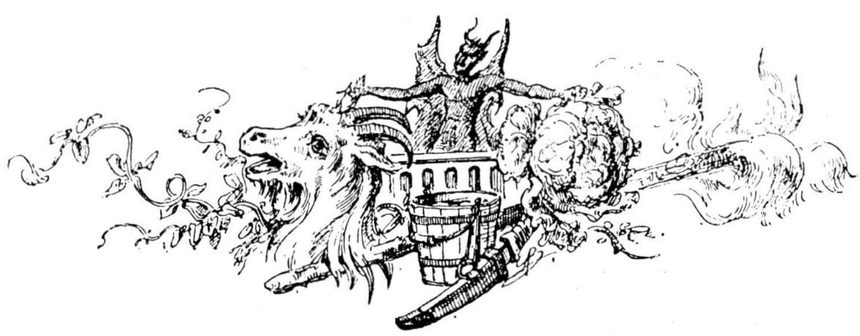

La tour, prends garde !

Dans cette ronde mimée,
un ou plusieurs enfants figurent la tour.
Un autre groupe représente le duc, son fils, ses gardes.
Le colonel s'adresse, alternativement, à la tour et au duc.
A la dernière réplique du duc, les enfants essaient d'abattre la tour
qui se défend vigoureusement. Le vainqueur est proclamé
duc et le jeu recommence.

Tous
La tour, prends garde *(bis)*
De te laisser abattre.

La tour
Nous n'avons garde *(bis)*
De nous laisser abattre.

Le colonel
J'irai me plaindre *(bis)*
Au duc de Bourbon.

La tour
Va-t-en te plaindre *(bis)*
Au duc de Bourbon.

Le colonel
Mon duc, mon prince
Je viens à vos genoux.

Le duc
Mon colonel
Que me demandez-vous ?

Le colonel
Un de vos gardes
Pour abattre la tour.

Le duc
Allez mon garde
Pour abattre la tour.

La tour
Nous n'avons garde
De nous laisser abattre.

Le colonel
Mon duc, mon prince
Je viens à vos genoux.

Le duc
Mon colonel
Que me demandez-vous ?

Le colonel
Deux (trois...) de vos gardes
Pour abattre la tour.

La tour
Nous n'avons garde
De nous laisser abattre.

Le colonel
Votre cher fils
Pour abattre la tour.

Le duc
Je vais moi-même
Pour abattre la tour.

Chanson traditionnelle du répertoire enfantin au siècle dernier, *La tour, prends garde!* rappelle un drame historique : la lutte qui, au XVIe siècle, opposa le roi François Ier à Charles de Bourbon. En 1505, par son mariage avec sa cousine, le comte de Montpensier devient duc et réunit en sa possession les domaines des deux branches de la maison de Bourbon. En 1514, François Ier le fait connétable, c'est-à-dire chef suprême de l'Armée. Bourbon contribue à la victoire de Marignan l'année suivante. Lorsqu'il devient veuf, il refuse d'épouser Louise de Savoie, mère du Roi. Elle lui réclame alors l'héritage des Bourbons, convoité par Charles-Quint. Le duc trahit, se met au service de Charles-Quint et lutte avec acharnement contre les troupes françaises. Cette trahison contribue à l'écrasement de l'armée française devant Pavie, en 1525. François Ier, prisonnier de Charles-Quint, est enfermé dans une tour, à Madrid.

Le l'ont pris l'ont amené
Dans la grand-tour de Madrid.
La Tour est haute et carrée
Jamais le soleil n'y luit.

chante une complainte de l'époque.

La ténacité de Louise de Savoie permettra d'éviter que la Bourgogne ne passe aux mains de Charles-Quint ; elle rentrera dans le domaine royal.

La tour, prends garde! se chante sur un air de chasse de l'époque de Louis XV. Si elle apparaît au siècle dernier, la chanson n'en continue pas moins la tradition des troubadours : une chanson dialoguée et dansée du XIIIe siècle, *Gaite de la tor* (guetteur de la tour), met en scène le guetteur chargé d'empêcher quiconque, en

premier lieu l'époux, d'approcher de la tour où seigneur et dame savourent les délices de l'amour :

Le compagnon de l'amant

Guetteur de la tour
Veillez autour des murs
Et que Dieu vous protège ;
A cette heure sont enfermés
Dame et seigneur
Et les voleurs cherchent leur proie

Le guetteur

Hu hu et hu et hu
Je l'ai vu là-bas
Sous la coudroie
Hu hu et hu hu
Je pourrais bien le tuer

Le compagnon de l'amant

Les voleurs ne sont pas nombreux
Il en est un seul
Que je voie
Couché dans les fleurs
Et sous la couverture
De celle que je n'oserai nommer

L'amant

Guetteur de la tour
Protégez ma retraite
Là-haut où je vous entends
J'ai obtenu ce jour
L'amour de mon amie
L'objet de tous mes vœux

Hu hu et hu et hu
Je suis resté bien peu
Dans la chambre de joie
Hu hu et hu et hu
Trop m'a nui l'aube
Qui me fait la guerre
...

A la claire fontaine

Refrain
Il y a longtemps que je t'aime
Jamais je ne t'oublierai.

A la claire fontaine
M'en allant promener
J'ai trouvé l'eau si belle
Que je m'y suis baigné(e).

Sous les feuilles d'un chêne
Je me suis fait sécher
Sur la plus haute branche
Un rossignol chantait.

Chante, oh! rossignol chante
Toi qui as le cœur gai.
Tu as le cœur à rire
Moi je l'ai à pleurer.

J'ai perdu mon ami(e)
Sans l'avoir mérité
Pour un bouquet de roses
Que je lui refusai.

Je voudrais que la rose
Fût encore au rosier
Et que mon ami Pierre
ou ma douce amie
Fût encore à aimer.

Cette chanson apparaît pour la première fois dans un recueil édité en 1704 par Christophe Ballard et intitulé *Brunettes ou Petits airs tendres.* D'innombrables versions ont été recueillies depuis, tant en France qu'au Canada, où elle servit d'hymne national aux Patriotes canadiens-français lors de la révolte de 1837 contre l'hégémonie de la population anglophone. C'est aussi cette chanson qui allège un instant la douleur de Maria Chapdelaine, dans le roman de Louis Hémon : « Claire fontaine ? Ah ! c'est beau ça ! Nous allons tous chanter ensemble. Et la complainte de mélancolique amour parut émouvante et douce à son cœur. »

D'une région à l'autre, les variantes sont importantes, et peuvent donner à la chanson une signification bien différente.

Elle commence ainsi chez Ballard :

Sur les bords de la Seine
Me suis lavé les pieds
D'une feuille de chesne
Me les suis essuyez.

Refrain
Que ne m'a-t-on donné
Celuy que j'ay tant aimé.

J'ay entendu la voix
D'un Rossignol chanter.

Chante, Rossignol, chante
Tu as le cœur tant gay.

Tu as le cœur tant gay
Et moy je l'ay navré.

Dans les régions de l'Ouest, c'est une jeune invitée qui chante :

En revenant de noces
J'étais bien fatiguée
Au bord d'une fontaine
Je me suis reposée

alors que nous chantons aujourd'hui, comme les Canadiens :

A la claire fontaine
M'en allant promener...

La fontaine, la feuillée, le rossignol et le chagrin d'amour font partie du cadre traditionnel des chansons de toile*.

Mais comment s'explique un tel chagrin, dans un cadre si enchanteur ? La suite de la chanson nous le dit, dont les paroles n'ont guère changé depuis Ballard :

C'est de mon amy Pierre
Qui s'en est en allé.

Je ne luy ay fait chose
Qui ait pu le facher.

Hors un bouquet de rose
Que je luy refusay.

et aujourd'hui :

C'est pour mon ami Pierre
Qui ne veut plus m'aimer
Pour un bouton de rose
Que je lui refusai.

Parfois, cependant, le bouquet ou bouton de rose symbolique n'a pas été refusé par une jeune fille pudique ou farouche, mais trop vite accordé par une malheureuse, séduite et abandonnée :

Pour un bouton de rose
Que trop tôt j'ai donné

Au Canada, et dans la région de Metz c'est un jeune homme qui chante :

J'ai perdu mon amie
Sans l'avoir mérité
Pour un bouquet de roses
Que je lui refusai.

La fin énonce presque toujours des regrets :

Je voudrais que la rose
Fût encore au rosier
Et que mon ami Pierre
ou *ma douce amie*
Fût encore à aimer.
ou
Et que le rosier même
A la mer fût jeté.

La version de Ballard était plus poétique :

Au milieu de la Rose
Mon cœur est enchaîné.

N'y a serrurier en France
Qui puis' le déchaîner.

Sinon mon ami Pierre
Qui en a pris la clef.

Le timbre donné par les *Brunettes et Petits airs tendres* est celui de *La grande différence,* appelé ailleurs *Il y a grande différence entre l'Amour et Bacchus.* On le trouve pour la première fois en 1675 dans les *Noëls et Cantiques spirituels* de Colletet. Ce « bel air de cour » fut souvent employé pour divers noëls, dans des chansons, et surtout au théâtre par les auteurs de vaudevilles*. La chanson a été interprétée sur de nombreuses mélodies, mais l'air actuel dérive du timbre original. En Poitou et au Canada, il a pris un rythme de marche plus entraînant et propre à mobiliser Chouans ou Patriotes.

Il était une bergère

Il était une bergère
Et ron et ron, petit patapon
Il était une bergère
Qui gardait ses moutons
Ron ron
Qui gardait ses moutons.

Elle fit un fromage
Et ron et ron, petit patapon
Elle fit un fromage
Du lait de ses moutons
Ron ron
Du lait de ses moutons.

Le chat qui la regarde
D'un petit air fripon.

Si tu y mets la patte
Tu auras du bâton.

Il n'y mit pas la patte
Mais y mit le menton.

La bergère en colère
Tua son p'tit chaton.

La chanson actuelle s'arrête là. Au siècle dernier, cette ronde avait une suite :

Elle s'en fut à confesse
Vers le père Grignon

Lorsqu'on est arrivé à ce couplet, le conducteur du jeu désigne un des joueurs pour remplir le rôle du père Grignon. Celui-ci entre dans le rond, et la bergère s'agenouille devant lui en chantant :

Mon père je m'accuse
D'avoir tué mon chaton

Le confesseur répond à sa pénitente en la relevant :

Pour votre pénitence
Nous nous embrasserons

Il l'embrasse, lui prend les mains, tourne avec elle au milieu du rond, et la bergère chante avec le chœur ce dernier couplet :

La pénitence est douce
Nous recommencerons.
(*Chansons et Rondes enfantines,* 1858.)

Un rondeau* de la région de Metz attribue l'aventure à une bonne dame de Pont-à-Mousson :

C'était une bonne dame
De Pont-à-Mousson
Qui fondait du beurre
Ma petite dondaine
Dans un vieux chaudron
Ma petite dondon.

Son chat qui la regarde
Avec attention
Si tu y mets la patte
Tu auras du bâton

Il n'y mit pas la patte
Mais il y mit son gron (groin)
La dame, toute en colère
A tondu son minon

L'en a bien eu la laine
De quatre-vingt moutons
Et les dames du Pont
En ont eu des manchons
Et les pères capucins
En ont eu des chaussons.
(*Mélusine,* 1878.)

Il est probable que notre ronde enfantine, qui doit dater des bergeries* de l'époque de Louis XV, était à l'origine beaucoup moins innocente qu'il y paraît. On lit, par exemple, dans les *Chansons gaillardes et sérieuses* imprimées à Middlebourg en 1701 :

Le loup est entré dedans ma bergerie
Je me suis cachée devant un petit coin (bis)
Ah! se dit Margot, sortant du bocage (bis)
Le Chat a mangé, le Chat a mangé
Mon fromage.

Et surtout, dans un recueil du XVIe siècle, *Sensuyt plusieurs belles chansons nouvelles et fort joyeuses,* publié chez Alain Lotriant, à Paris, en 1543 :

Mon père avoit quatre vaches
Et ma mère vingt et quatre
Et je les meis en herbage.
« Ma fille mais que tu soys sage
Tu les auras en mariage.
– Mère n'y seray point sage
Car j'ay perdu mon pucellage
A ung garson de village.
Je l'ay baillé pour ung fromage.
Je le mis sur une table
Nostre chat vint qui le happe
Au chat au chat ta malle rage!
Tu as mangé mon pucellage.

« Cette leçon vaut bien un fromage sans doute »!

Le timbre de *Il était une bergère,* connu depuis 1570 sous le nom *Laissez paître vos bêtes,* servit pour une chanson contre les Huguenots, pour un noël gascon et au Théâtre de la Foire. On en retrouve les premières mesures dans un air de chasse appelé *La Royale.* Il était donc bien connu quand il fut utilisé pour accompagner notre chanson.

Ah! dis-moi donc bergère

– Ah! dis-moi donc bergère
A qui sont ces moutons?
– Et par ma foi, Monsieur
A ceux qui les gardions.
Et tra la la dériderette
Et tradéron la.

– Ah! dis-moi donc bergère
Combien as-tu d'moutons?
– Et par ma foi, Monsieur
Il faut que j'les comptions.
Et tra la la dériderette
Et tradéron la.

– L'étang est-il profond?
– Il descend jusqu'au fond.

– Le poisson est-il bon?
– pour ceux qui le mangions.

– Par où ce chemin va?
– Il ne bouge pas de là.

– N'as-tu pas peur du loup?
– Pas plus du loup que d'vous.

Ah! dis-moi donc bergère appartient à un genre très ancien, la pastourelle, qui apparaît en pays d'Oc dès le XIIe siècle. Dans ces chansons, un dialogue se noue entre un seigneur et une bergère – ou « pastourelle » –, l'accent étant mis avant tout sur l'habileté des interlocuteurs. La bergère « moqueuse », traditionnellement appelée Nanon, a la répartie facile et spirituelle.

L'exemple le plus ancien de ce type de pastourelle nous est donné par Marcabru, troubadour gascon, dont on sait peu de choses, sinon qu'il était un enfant trouvé, élevé sous le nom de Pain-Perdu, et qu'il eut maille à partir avec les seigneurs de Guyenne, dont il avait dit fort grand mal et qui l'auraient fait tuer vers 1150.

L'autrier, jost'una sebissa,
Trobey pastora mestissa,
De joy e de sen massissa;
E fon filha de vilana :
Cap' e golnel' e pelissa,
Vest e camisa treslissa,
Sotlars e caussas de lana.

(L'autre jour, le long d'une haie,
Je trouvai une bergère bâtarde d'un père noble
Pleine de joie et d'esprit ;
Elle était fille de paysanne :
Vêtue de cape, robe et pelisse,
D'une chemise à mailles serrées,
Souliers et chaussettes de laine.)

Veis leis vinc per la planissa :
« Toza, fi'm ieu, res faitissa,
Dol ai gran del ven que'us fissa. »
« Senher, so'm dis la vilana,
Merce Deu e ma noirissa,
Pauc m'o pretz si'l vens m'erissa
Qu'alegreta sui e sana. »

(Vers elle je vins par la plaine :
« Jeune fille, lui dis-je, vraie merveille
J'ai grand chagrin que le vent vous pique.
– Seigneur, me dit la paysanne,
Grâce à Dieu et à ma nourrice
Peu n'importe que le vent m'ébouriffe
Car j'ai et gaîté et santé. »)

« Toza, fi'm ieu, gentils fada
Vos adastret, quan fos nada,
D'una beautat esmerada
Sobre tot'autra vilana.
E seria's us ben doblada
Si'm vezia une vegada
Sobiran e vos sotrana. »

(« Jeune fille, lui dis-je, une bonne fée
Vous a dotée, quand vous fûtes née,
D'une beauté achevée
Plus que toute autre paysanne.
Et vous seriez doublement belle
Si je me voyais une fois
Moi dessus et vous dessous. »)

« Senher, tan m'avetz lauzada
Pois en pretz m'avetz levada,
Qu'ar vostr' amor tan m'agrada,
Senher, so dis la vilana,
Per so n'auretz per soudada
Al partir "bada, fol, bada",
E la muz' a meliana! »

(« – Seigneur, vous m'avez tellement louée
Depuis que vous m'avez complimentée
Et votre amour m'a si bien agréé,
Seigneur, me dit la paysanne,
Que vous aurez pour vous remercier
A votre départ "Bonjour chez vous, pauvre fada"
Et la perte de la journée. »)

Nous avons là une des premières chansons en « langue vulgaire » (c'est-à-dire en langue d'oc, par opposition au latin) accompagnée d'une notation musicale.

Un autre troubadour, Guiraut-Riquier, composa à la fin du XIIIe siècle six pastourelles de ce genre : le Seigneur rencontre successivement six fois la même bergère aux différentes étapes de sa vie, jeune fille, épouse, mère, veuve. Celle-ci reste toujours parfaitement vertueuse. Ses répliques, plus subtiles et raffinées, abandonnent un peu le ton moqueur et bon enfant de la « Toza » de Marcabru.

Dans la plupart des versions régionales (Provence, Auvergne, Gascogne, Berry, Touraine, etc), le Seigneur, devenu capitaine, gentilhomme ou simple Monsieur (de la ville, évidemment) parle en français alors que la bergère répond en patois local, ce qui ajoute un certain sel au dialogue.

– *Entre, Nanon, entre sous cet ombrage,*
– *Neni, Monchu, craïgne pas le souli* (soleil).
(...)
– *Dis-moi, Nanon, oh! que tu es rebelle!*
– *E vous, Monchu, que sei vous amourous!*
– *J'suis amoureux pour t'y rendre amoureuse.*
– *E yeu, Monchu, pé me mouqua de vous.*
– *Il faut mourir quand les filles l'ordonnent.*
– *Nous pressin pas, ya de tems pé mouri.*
– *Mais tu sais bien que l'amour me tourmente.*
– *Ah! d'aque mäu* (de ce mal), *Monchu, poudès gari* (vous pouvez guérir).
– *Dis-moi, Nanon, qui t'a si bien instruite?*
– *E vous, Monchu, int' avès istudia* (où avez-vous étudié)?
– *J'ai étudié au château de mon père.*
– *E yéu, Monchu, in gardan mous moutons.*
– *Dis-moi, Nanon, le nom de ce village.*
– *Apprenia le, Monchu, et le sourès* (et vous le saurez)
– *Dis-moi, Nanon, qu'y a-t-il dans ton village?*
– *Un grand lourdäu, Monchu, quand l'y sarès* (quand vous y serez).
(Version auvergnate recueillie par Tiersot, à la fin du XIXe siècle).

La version la plus répandue aujourd'hui réunit les thèmes traditionnels des chansons de bergères, mais tournés en dérision : le riche seigneur, la bergère tombée à l'eau, la rencontre sur un chemin, le loup. C'est sans doute ce qui l'a rendue si populaire dans toute la France.

Il pleut, il pleut bergère

Il pleut, il pleut bergère,
Rentre tes blancs moutons.
Allons à la chaumière
Bergère vite allons.
J'entends sous le feuillage
L'eau qui tombe à grand bruit.
Voici venir l'orage,
Voici l'éclair qui luit.

Entends-tu le tonnerre?
Il roule en approchant.
Prends un abri, bergère,
A ma droite en marchant.
Je vois notre cabane
Et, tiens, voici venir
Ma mère et ma sœur Anne
Qui vont l'étable ouvrir.

Bonsoir, bonsoir, ma mère.
Ma sœur Anne, bonsoir.
J'amène ma bergère
Près de vous pour ce soir.
Qu'on mène dans l'étable
Ses brebis, ses agneaux.
Et mettons sur la table
Laitage et fruits nouveaux.

Soignons bien, ô ma mère,
Son tout joli troupeau.
Donnez de la litière
A son petit agneau.
C'est fait. Allons près d'elle.
Eh bien! donc, te voilà?
En corset, qu'elle est belle.
Ma mère, voyez-la.

Soupons. Prends cette chaise.
Tu seras près de moi.
Ce flambeau de mélèze
Brûlera devant toi.
Goûte de ce laitage
Mais... tu ne manges pas?
Tu te sens de l'orage?
Il a lassé tes pas.

Eh bien! voilà ta couche;
Dors-y bien jusqu'au jour.
Laisse-moi sur ta bouche
Prendre un baiser d'amour.
Ne rougis pas bergère.
Ma mère et moi, demain,
Nous irons chez ton père
Lui demander ta main.

Cette romance du XVIIIe siècle est une des rares chansons dont nous connaissions à la fois le compositeur et l'auteur. Le compositeur, le violoniste Victor Simon, écrivit nombre d'opéras-comiques aux titres aujourd'hui surannés : *La Fille rusée, Le Financier amoureux, La Double Récompense ou le Stratagème inutile.*

L'auteur est le poète Fabre d'Églantine. C'est lui qui para de noms champêtres (Prairial, Germinal, Fructidor...) les mois du calendrier républicain en 1792.

Né à Limoux vers 1750, fils d'un drapier établi à Carcassonne, Philippe Fabre ajoute « Églantine » à son nom lorsqu'il gagne une Églantine d'or au concours de poésie des Jeux Floraux, où chaque prix était symbolisé par un nom de fleur : la violette, l'églantine, le souci... Il mène quelque temps une carrière d'acteur qui le conduit jusqu'aux Pays-Bas.

Ami de Camille Desmoulins et de Danton, il montera comme eux sur l'échafaud le 5 avril 1794. La tradition veut que, dans la charrette qui le menait à la guillotine, il ait fredonné *Il pleut, il pleut bergère.*

Publiée sans nom d'auteur dans *la Muse lyrique* de 1782, la romance est intitulée *Le Retour des champs.* Un recueil d'*Œuvres posthumes et mêlées,* édité par Moutardier en 1803 (Vendémiaire, an XI), présenta ainsi la chanson : *L'Hospitalité. Romance. Mastricht, année 1780.* L'année 1780 est, en effet, l'époque où la troupe dans laquelle jouait Fabre d'Églantine était en tournée à Mastricht, en Hollande.

La chanson connut un succès qui ne se démentit jamais. En 1787, le héros d'une pièce de Dalayrac, *Renaud d'Ast,* s'annonce en coulisse en chantant l'air d'*Il pleut, il pleut bergère,* après la réplique suivante : « Oui vraiment, et nous pourrions bien avoir de l'orage... »

L'année suivante, le timbre* *Il pleut, il pleut bergère* est noté dans l'*Almanach des Grâces. Étrennes érotiques chantantes; dédié et présenté à Madame, comtesse d'Artois. Pour l'année bissextile M.DCC.LXXXVIII.*

C'est l'époque où Marie-Antoinette joue à la bergère au Petit-Trianon; c'est aussi l'époque où la Bergerie Royale de Rambouillet s'enrichit d'un troupeau de plus de trois cents mérinos venus d'Espagne. Dans toutes les formes de l'art, les bergeries sont à la mode. On chante les moutons :

Petits moutons accourez tous,
Voici la nuit, gare le loup.
Passez passez sous ma houlette
Que je vous mette en sûreté.
Le loup vous guette
Passez, passez.
Au point du jour en liberté
Vous irez jouer sur l'herbette.

(Romance parue dans
la *Muse Lyrique* de 1781.)

On chante aussi les ébats amoureux des bergers et des bergères :

Le berger
Sur ce gazon charmant
Où l'amour nous amène
Viens terminer ma peine
Couche-toi promptement
Sur ce gazon charmant.

La bergère
Que nos plaisirs sont doux!
Ah! berger, recommence.
Je veux sans résistance
Expirer sous tes coups.
Que nos plaisirs sont doux!

En 1789, la chanson de Fabre d'Églantine courait sur toutes les lèvres. Et lorsqu'au lendemain de la prise de la Bastille, la Garde nationale fut créée, l'événement fut célébré sur l'air d'*Il pleut, il pleut bergère :*

Frères, courons aux armes!
L'empire est en danger.
Dans ces moments d'alarmes
Courons le dégager.
Tous bouillants d'énergie
Tous fiers de nos succès
Prouvons à la patrie
Que nous sommes Français.

V'là l'bon vent

Refrain
V'là l' bon vent, v'là l' joli vent
V'là l' bon vent, ma mie m'appelle
V'là l' bon vent, v'là l' joli vent
V'là l' bon vent, ma mie m'attend

Mon père m'a donné un étang *(bis)*
Trois beaux canards s'en vont nageant.

Le fils du roi s'en vint chassant

Avec son beau fusil d'argent

Visa le noir, tua le blanc.

Oh! fils du roi, tu es méchant!

Tu as tué mon canard blanc.

Par dessous l'aile il perd son sang.

Toutes ses plumes s'envolent au vent.

Trois dames s'en vont les ramassant,

Pour en faire des édredons blancs.

Cette chanson est liée de façon assez complexe à d'autres, qui l'ont précédée de plusieurs siècles.

A Paris sur le Petit Pont est une très ancienne chanson, dont un manuscrit italien du commencement du XVe siècle nous donne un aperçu :

A Paris sus Petit-Pont
Mir faloridayna
Fi jo feyre una mayson
Mir faloridayna
A quatorze piès de lonch
Mir faloridayna, mir falorion

A quatorze piès de lonch...
Mès il n'entrera nesun (personne)...
Si n'est cler o gientishoms...

L'air qui figure dans les *Rondes à danser* de Ballard, en 1724, est celui que nous connaissons, et les paroles ont bien peu changé :

A Paris sur le Petit-Pont
Sur le bord d'une fontaine
Mon Père a fait bâtir maison

Refrain

Tuton, tuton, tutaine
Levez Belle votre cottillon } (bis)
Il est si long qu'il traîne }

Mon père a fait bâtir maison
Sur le bord d'une fontaine

Et les charpentiers qui la font
Ils m'ont tous demandé mon nom

Marguerite c'est mon nom

Marguerite c'est mon vrai nom

Que portes-tu dans ton giron?

C'est un pâté de trois pigeons

Assi-toi, nous le mangerons

Une version actuelle commence par :

Mon père fait bâtir maison
Dessus la verveine
Mon père fait bâtir maison
Sur le vertintin (bis)
Dessus la verveine
Lon dérilon

Par quatre-vingt-dix maçons...

Mon père a fait faire un château, tel était déjà le sujet d'une chanson du XVIe siècle encore chantée de nos jours. Voici les paroles données en 1535 dans le recueil *Sensuyvent plusieurs belles chansons nouvelles* et reprises tant elles étaient populaires par plusieurs éditeurs de la même époque, dans *La Couronne et Fleurs des Chansons à trois* de 1536 ou *Les Chansons nouvellement assemblées* de 1538, par exemple.

Refrain

Allons allons gay
Mamye ma mignonne
Allons allons gay
Gayement vous et moy.

Mon père a fait faire ung chasteau
Il n'est pas grant mais il est beau
D'or et d'argent sont les carreaulx
Et si a trois beaulx chevaulx
Le roy n'en a point de si beaulx
L'un est gris, l'autre est moreau (noir)
Mais le petit est le plus beau
Ce sera pour me porter jouer
Pour ma mignonne et pour moy
J'irons jouer sur le muguet
Et y ferons un chappellet
Pour ma mignonne et pour moy.

Le Canard blanc, plus connu sous le titre que lui a donné son refrain, *V'là l' bon vent,* dont on ne trouve de trace écrite qu'au XIXe siècle, commence souvent par « Mon père m'a fait faire un château ». Y a-t-il eu contamination entre deux chansons également anciennes? De nombreux détails dans les rythmes et les paroles permettent d'assimiler les « trois beaux canards » aux « trois beaulx chevaulx », et on trouve dès le XVIIIe siècle un air intitulé *Mon père a fait faire un étang.* Il servait de timbre à un cantique reproduit à Niort en 1725 (les airs populaires ont souvent servi pour les compositions religieuses, et réciproquement). Mais il est possible que *Le Canard blanc* n'ait emprunté que très tardivement un début qui donnait un cadre merveilleux à son histoire.

Chaque région a son propre refrain.

Au Canada :

Rouli, roulant, ma boule roulant
En roulant ma boule roulant
En roulant ma boule

J'entends le loup, le renard et le lièvre,
J'entends le loup, le renard chanter.

En Bretagne :

C'est le vent qui va frivolant
C'est le vent qui vole, qui frivole
C'est le vent qui va frivolant.

Dans de nombreuses versions enfantines :

Moi, je m' f'rai faire
Un p'tit moulin sur la rivière
Et puis encore
Un p'tit bateau pour passer l'eau.

Les airs sont presque aussi variés que les refrains!

Compère qu'as-tu vu?

– Compère, qu'as-tu vu?
– Commère, j'ai bien vu :
J'ai vu un gros bœuf
Dansant sur un œuf
Sans en rien casser.
– Compère vous mentez.

– Compère, qu'as-tu vu?
– Commère, j'ai bien vu :
J'ai vu une anguille
Qui coiffait sa fille
En haut d'un clocher.
– Compère vous mentez.

J'ai vu une grenouille
Filant sa quenouille
Au bord d'un fossé.

J'ai vu une pie
Qui gagnait sa vie
En faisant des chapelets.

J'ai vu une mouche
Qui se rinçait la bouche
Avec un pavé.

Dans le *Formulaire fort récréatif de tous contracts, donations, testamens*... « fait par Bredin le Cocu, Notaire rural et Contreroleur des Basses-Marches au Royaume d'Utopie », rédigé, en réalité, par Benoist Troncy, contrôleur des domaines du Roi et secrétaire de la ville de Lyon en 1594, sous l'anagramme « Bonté n'y croist », les propriétaires d'un clos sont tenus, par acte notarié, « annuellement à perpétuité de venir à la porte du chasteau de la Tirelire (...) chanter à haulte voix et pleine ceste chanson cy transcrite de mot à mot » :

Qui veut ouy una chanson,
Qu'est touta de mensonge,
S'il y a un mot de vereta,
Je voglio qu'on me tonde :
La felon melon du lon
La felon melonge
S'il y a un mot de vereta
Je voglio qu'on me tonde

Nostra chatta a faict dos chins
Ley dessou una ronse
La felon...

Nostron asne en tuyt cinq
Et en ensevelyt onze,
Je lo porti au marchia
Je lo vendi tous treze.

Je trouvy un poumy doux
Tout chargia de griottes.

Jetty mon bourdon dessus
Je fy chey de les peyres...

(Qui veut ouïr une chanson,
Qui est toute de mensonge,

S'il y a un mot de vérité,
Je veux qu'on me tonde :

Notre chatte a fait deux chiens
Dessous une ronce

Notre âne en tua cinq
Et en ensevelit onze.

Je les portai au marché
Je les vendis tous treize.

Je trouvai un pommier doux
Tout chargé de griottes.

Je jetai mon bâton dessus
Je fis tomber des poires...)

Cette chanson, le propriétaire du clos pouvait, dans certains cas, la « faire chanter et dire par sa femme si aucune en a, ou par le plus proche parent qui lui pourrait succéder ab intesta ».

Intitulée aussi *Les Mensonges* ou *Les Menteries,* notre chanson relève d'un genre ancien appelé autrefois « coq à l'âne ». Dans le *Parnasse des Muses ou chansons à danser* qui date de 1603, nous trouvons ce couplet, qui devait être suivi de nombreux autres, inventés au fur et à mesure, au gré de l'imagination du chanteur :

Je m'en allai à Bagnolet
Où je trouvai un grand mulet
Qui plantait des carottes
Ma Madeleine, je t'aime tant
Que quasi je radote
Je m'en allai un peu plus loin
Trouvai une botte de foin
Qui dansait la gavotte.

Le *Nouveau Recueil de Chansons sur différents sujets composés sur des airs connus* édité à Paris chez la Veuve Valleyre en 1753 nous en offre de nombreux exemples :

Chantons un Cocq à l'asne
Gaillard et fort plaisant,
Bien divertissant
Pour passer le temps
J'ai vu dedans Dinan
Un éléphant prendre des souris
Élevées par quatre perdrix
Quatre escargots dans un panier
Les vendoient à Madrid...

C'était un « cocq à l'asne nouveau fait à plaire, pour rire sans se fascher composé par Belhumeur, chanteur »!

La forme dialoguée de la chanson actuelle était connue dès le milieu du siècle dernier. Voici un couplet entendu en Eure-et-Loir en 1878 :

– Compère, d'où viens-tu?
– Commère, de l'affût.
– Compère, qu'as-tu vu?
– Commère, j'ai bien vu,
J'ai vu un crapaud
Qui montait en haut
L'épée au côté.
– Compère vous mentez.

Comme on peut le constater, le thème reste le même au cours des siècles : le chanteur prétend – par pure plaisanterie ou sous l'effet de la boisson – avoir vu un animal, souvent travesti en homme, accomplir des actes incongrus et grotesques. On retrouve la même cocasserie dans cette chanson enfantine, sans doute plus récente :

Sur le plancher
Une araignée
Se tricotait des bottes.
Dans un flacon
Un limaçon
Enfilait sa culotte.
J'ai vu dans le ciel
Une mouche à miel
Pincer d' la guitare.
Des rats tout confus
Sonner d' l'angélus
Au son d' la fanfare.

Le Roi a fait battre tambour

Le roi a fait battre tambour *(bis)*
Pour voir toutes ces dames
Et la première qu'il a vue
Lui a ravi son âme.

– Marquis, dis-moi, la connais-tu *(bis)*
Quelle est cette jolie dame?
Le marquis lui a répondu :
– Sire roi, c'est ma femme.

– Marquis, tu es plus heureux qu' moi *(bis)*
D'avoir femme si belle
Si tu voulais me la donner
Je me chargerais d'elle.

– Sire, si vous n'étiez pas le roi
J'en tirerais vengeance
Mais puisque vous êtes le roi
A votre obéissance.

– Marquis, ne te fâche donc pas
Tu auras ta récompense
Je te ferai dans mes armées
Beau maréchal de France.

– Adieu ma mie, adieu mon cœur
Adieu mon espérance
Puisqu'il te faut servir le roi
Séparons-nous d'ensemble.

Le roi l'a prise par la main
L'a menée en sa chambre
La belle en montant les degrés
A voulu se défendre.

– Marquise, ne pleurez pas tant
Je vous ferai princesse
De tout mon or et mon argent
Vous serez la maîtresse.

– La reine a fait faire un bouquet
De belles fleurs de lyse
Et la senteur de ce bouquet
A fait mourir marquise.

Le roi a fait faire un tombeau
Tout en fers de Venise
Sur sa tombe mit un écrit
« Adieu belle marquise .»

Quelle est donc cette marquise qui sut ravir le cœur du roi pour son plus grand malheur ?

Le fait historique qui inspira probablement le poète est la mort de Gabrielle d'Estrées. Elle avait à peine 17 ans quand Henri IV fut frappé par son éclatante beauté. Elle abandonna bientôt son mari pour vivre aux côtés du Roi, dont elle devint la favorite la plus en vue. « La Marquise », ainsi nommée à la Cour depuis qu'elle était devenue marquise de Monceaux, se sépara du Roi, selon la coutume, pour les dévotions pascales de l'an 1599. Ayant quitté Fontainebleau le Lundi Saint, elle descendit à Paris chez le financier toscan Zamet. Le mercredi, après les vêpres, elle eut un malaise et se fit porter chez sa tante. Pendant une agonie terrible, elle accoucha d'un enfant mort et expira le samedi matin, 10 avril. La foule défila tout le jour devant sa dépouille.

Cette mort tragique parut suspecte, et comme le Roi tentait alors d'obtenir l'annulation de son mariage avec Marguerite de Valois, on soupçonna celle-ci d'avoir provoqué la mort de sa rivale. Des soupçons, apparemment mieux fondés, pesèrent aussi sur Marie de Médicis, accusée d'avoir fait empoisonner, par l'intermédiaire de Zamet, la maîtresse de celui qu'elle allait épouser l'année suivante. L'histoire, arrangée pour la vraisemblance et la poésie, devint le sujet de notre chanson, sans doute composée peu après la mort de « La Belle Gabrielle ».

Deux portraits de Gabrielle d'Estrées.

Quand, en 1668, Athénaïs de Rochechouart supplanta Mademoiselle de La Vallière dans les faveurs de Louis XIV, au grand dam de son mari, le Marquis de Montespan, la chanson dut avoir un regain de faveur, surtout en Saintonge, où avait été élevée la marquise, et où la chanson reste très populaire.

On appliqua aussi cette histoire tragique à Madame de Vintimille, fille du Marquis de Nesles, qui, succédant à sa sœur, devint en 1738 la favorite du roi Louis XV et dont la mort en couches fit suspecter un empoisonnement.

Mais cette chanson aux accents pathétiques, réellement « folklorique » par son thème, son histoire et sa diffusion dans toutes les provinces de France et au Canada, ne fut recueillie par écrit que par les collectionneurs du XIXe siècle. On ne peut donc émettre à son sujet que de simples conjectures.

Le Bon Roi Dagobert

Le bon roi Dagobert
A mis sa culotte à l'envers.
Le grand Saint Éloi
Lui dit : « Ô, mon Roi!
Votre Majesté
Est mal culottée.
– C'est vrai, lui dit le roi,
Je vais la remettre à l'endroit. »

Comme il la remettait
Un peu trop il se découvrait.
Le grand Saint Éloi
Lui dit : « Ô, mon Roi!
Vous avez la peau
Plus noire qu'un corbeau.
– Bah! lui dit le roi
La reine l'a plus noire que moi. »

Le bon roi Dagobert
Chassait dans la plaine d'Anvers.
Le grand Saint Éloi
Lui dit : « Ô, mon Roi!
Votre Majesté
Est bien essoufflée.
– C'est vrai, lui dit le roi,
Un lapin courait après moi. »

Le bon roi Dagobert
Avait un grand sabre de fer.
Le grand Saint Éloi
Lui dit : « Ô, mon Roi!
Votre Majesté
Pourrait se blesser.
– C'est vrai, lui dit le roi
Qu'on me donne un sabre de bois. »

Le bon roi Dagobert
Se battait à tort et à travers.
Le grand Saint Éloi
Lui dit : « Ô, mon Roi!
Votre Majesté
Se fera tuer.
– C'est vrai, lui dit le roi
Mets-toi bien vite devant moi. »

Le bon roi Dagobert
Voulait conquérir l'univers.
Le grand Saint Éloi
Lui dit : « Ô, mon Roi!
Voyager si loin
Donne du tintoin.
– C'est vrai, lui dit le roi
Il vaut bien mieux rester chez soi. »

S. ELOI

Le croirait-on? Cette chanson enfantine, un peu simpliste, fut d'abord une chanson satirique, qui fut même interdite à un moment de notre Histoire.

Elle fut écrite à la fin de l'Ancien Régime, sur un air de chasse dit *Fanfare du Cerf.* Aucun souci de vérité historique, mais plutôt le plaisir de railler, à travers un roi lointain et mal connu, le roi Louis XVI, nonchalant et indécis, qu'on veut faire passer pour un benêt ou un couard. La reine elle-même n'est pas épargnée dans le deuxième couplet, qu'on ne chante plus guère aujourd'hui.

Mais, n'en déplaise à la chanson, le roi Dagobert ne fut pas le souverain ridicule chansonné dans les couplets. Il vécut dans la première moitié du VIIe siècle; successivement roi de Neustrie, de Bourgogne et d'Aquitaine, c'est par la force qu'il conquit le pouvoir. Sa réputation de roi juste doit beaucoup à Saint Éloi, son chancelier. Éloi, né en 588, est mis tout jeune en apprentissage chez un orfèvre de Limoges. Son habileté est telle que le roi Clotaire II, père du futur roi Dagobert, lui demande de lui faire un fauteuil d'or. Éloi, avec l'or qui lui est confié, réussit à faire deux fauteuils. On ne sait ce que le roi admira le plus : l'habileté de l'orfèvre ou l'esprit d'économie d'un artisan aussi scrupuleux. Toujours est-il qu'Éloi devint chancelier et continua ses travaux d'orfèvrerie, la fabrication de châsses, surtout. Ordonné prêtre, puis sacré évêque de Tournai et de Noyon, il accomplit sa mission avec zèle jusqu'à sa mort, en 659. Cet homme pieux est le patron des orfèvres.

Tels étaient les héros sans faiblesses qui prêtèrent leurs noms à la chanson.

Louis XVI mourut sur l'échafaud en 1793, mais la chanson resta. Lorsque, vingt ans plus tard, Napoléon fut vaincu par l'Europe coalisée et confiné à l'île d'Elbe, les royalistes, à leur tour, s'en donnèrent à cœur joie :

Le bon roi Dagobert
Voulait conquérir l'univers.
Le grand Saint Éloi
Lui dit : « Ô, mon Roi
Voyager si loin
Donne du tintoin.
– C'est vrai, lui dit le roi
Il vaut mieux rester chez soi.

Pareil couplet suffit à faire interdire la chanson pendant les Cent Jours; bien sûr, sa popularité redoubla après la défaite de Waterloo.

Avant de rejoindre sagement le répertoire enfantin, la chanson connut une dernière heure de gloire dans sa carrière de subversion. Lorsque Louis XVIII s'installe sur le trône, un certain nombre de mesures marquent une tentative de retour à l'Ancien Régime, et l'on voit revenir au pays bon nombre de petits seigneurs qui avaient émigré. Le chansonnier Béranger, sur l'air du *Roi Dagobert,* ridiculise ces châtelains que le petit peuple acclame par obligation, un peu comme les faucheurs dans les champs saluaient bien bas le « marquis de Carabas », sous la menace du Chat Botté.

Voyez-vous ce marquis
Nous traitant de peuple conquis?
Son coursier décharné

Clopin-clopant l'a ramené
Vers son vieux castel.
Ce noble mortel
Marche en brandissant
Un sabre innocent.
Chapeau bas! chapeau bas!
Gloire au marquis de Carabas!

Si ce couplet reste dans la tradition de la chanson originale (dont ne subsiste que le « sabre de bois », devenu « sabre innocent ») pour brocarder les seigneurs incapables, le ton se durcit ensuite, pour dénoncer les abus de la noblesse. On est bien loin du *Roi Dagobert* et de sa bonhomie :

Prêtres que nous vengeons
Levez la dîme, et partageons!
Et toi, peuple animal
Porte encore le bât féodal!
Seuls nous chasserons
Et tous vos tendrons
Subirons l'honneur
Du droit du Seigneur.
Chapeau bas! chapeau bas!
Gloire au marquis de Carabas!

Frère Jacques

Frère Jacques, frère Jacques,
Dormez-vous, dormez-vous?

Sonnez les matines, sonnez les matines,
Ding, ding, dong. *(bis)*

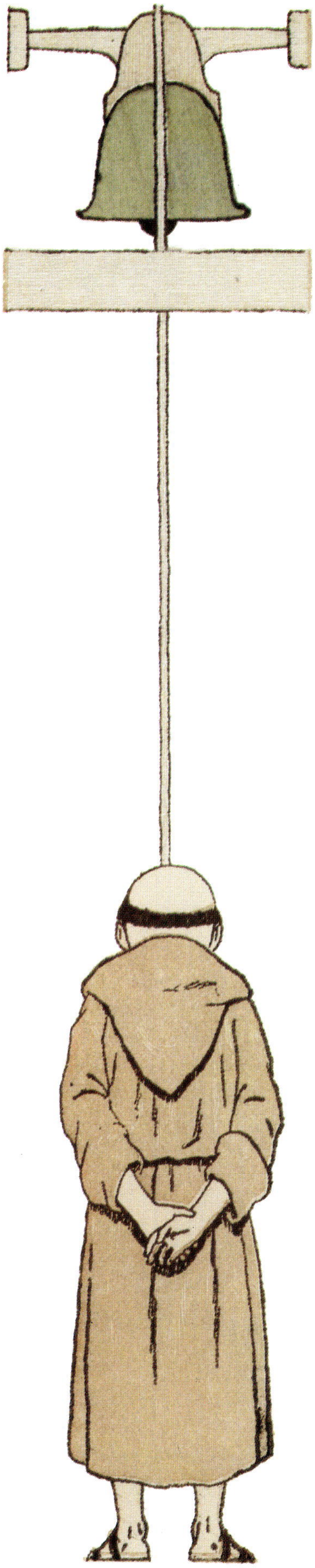

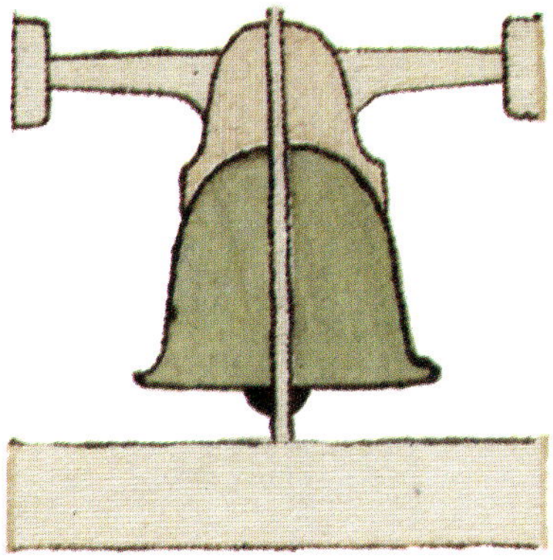

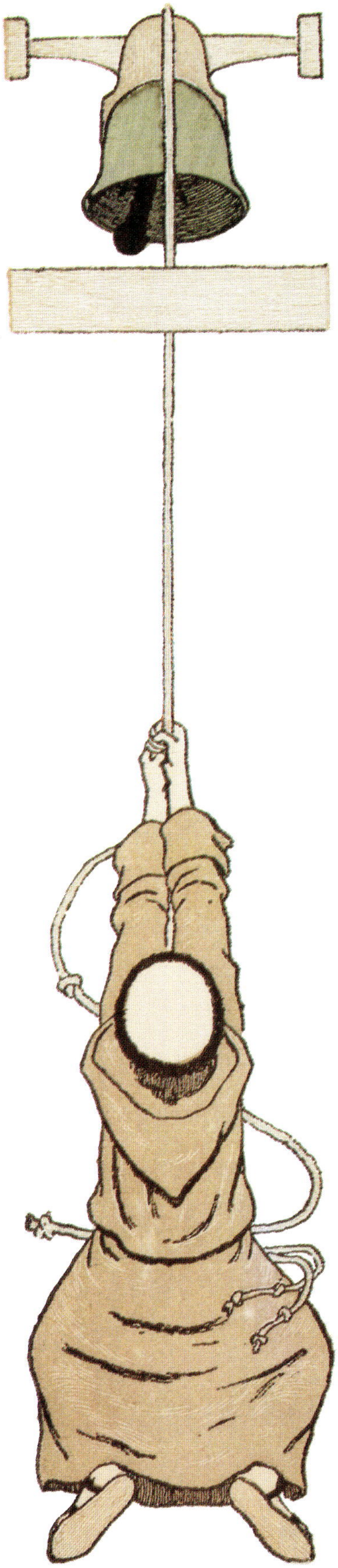

Frère Jacques se chante sur un air de carillon emprunté au répertoire traditionnel du clavecin. La chanson se moque gentiment de la paresse des moines. Pour sonner matines, office nocturne, il faut en effet se lever très tôt dans la nuit.

Le nom du moine « Jacques » évoque l'ordre des Jacobins : ce nom fut donné à des religieux dominicains lorsqu'ils édifièrent leur couvent parisien près de l'église Saint-Jacques (Jacques vient du latin Jacobus) ainsi nommée parce qu'elle se trouvait sur la route qui menait les pèlerins à Saint-Jacques-de-Compostelle. Les Jacobins assuraient à ces pèlerins en partance le gîte et le couvert.

Or, très tôt, semble-t-il, jacobin devint synonyme de douillet, confortable. Au XVIe siècle, Despériers, dans son conte XXIX, raconte qu'« ils (les voyageurs)... se firent bailler une petite chambre jacobine où ils se couchèrent très bien et commencèrent à jouer à la ronfle ». La ronfle désignait alors un jeu de cartes, mais par jeu de mots, jouer à la ronfle voulait aussi dire : dormir profondément. Littré rappelle qu'une soupe à la jacobine est un appétissant bouillon d'amandes garni d'un hachis de perdreaux, d'œuf et de fromage.

Potages appétissants et chambres douillettes, il semble que les bons moines aient dorloté leurs hôtes... peut-être aussi se dorlotaient-ils un peu, ce qui rendait difficile le réveil en pleine nuit!

Le Petit Mari

Mon père m'a donné un mari,
Mon Dieu! quel homme, quel petit homme!
Mon père m'a donné un mari,
Mon Dieu! quel homme, qu'il est petit!

Dans mon grand lit je le perdis,
Mon Dieu, quel homme, quel petit homme!
Dans mon grand lit je le perdis,
Mon Dieu, quel homme, qu'il est petit!

Pris la chandelle et le cherchis.

A la paillasse le feu prit.

Je trouvai mon mari rôti.

Sur une assiette je le mis.

Le chat le prit pour une souris

Au chat, au chat, c'est mon mari!

Fillettes qui prenez un mari,
Mon Dieu, quel homme, quel petit homme!
Fillettes qui prenez un mari,
Ne le prenez pas si petit.

L'air sur lequel nous chantons *Le Petit Mari* est celui que nota Du Mersan dans ses *Chansons et Rondes enfantines* de 1846. Cet air et ces paroles seront désormais ceux de la chanson dans les recueils enfantins, qu'il s'agisse des *Jeux et exercices des jeunes filles* de Madame de Chabreul, en 1860, des *Chansons de France pour les petits Français,* de Weckerlin, en 1886, ou des *Chansons et Rondes enfantines* de Vermot en 1893.

C'était une manière convenable d'inscrire au répertoire enfantin une chanson dont les multiples versions tournent autour d'un thème scabreux : le mari trop « petit » laisse sur sa faim l'épouse qui crie son désappointement en termes parfois très crus.

Certaines chansons de maumariées* sont touchantes. Le droit au plaisir est revendiqué par ces femmes souvent mariées contre leur gré.

Le *Chansonnier de Bayeux,* au XVe siècle, contient une très belle chanson :

Ne l'oserai-je dire
Si j'aime par amour?
Ne l'oserai-je dire?

Mon père m'a mariée
Ung petit devant le jour.
A un vilain me donna
Qui ne sait ni bien ni honnour.

La première nuitée
Que fus couchée o luy (avec lui)
Guère ne m'a prisée
Au lit s'est endormi.

Je suis délibérée
De faire un autre ami
De qui serai aimée
Mieux que ne suis de lui.

Fi de l'argent, si le désir n'est point satisfait ; c'est ce que dit cette chanson, de même inspiration, publiée en 1576 dans un recueil de Chardavoine :

Mon mari est riche
Et n'est qu'un vilain.
D'amour il est chiche
Et je meurs de faim.

Fi de la richesse
Qui n'a son plaisir.
Je suis femme fraîche
Et n'ai mon désir.

Oh! le gros lourdaud
Lequel n'entend pas
Le plaisir des dames
Le soulas (consolation) *du bas...*

Si l'épouse se réjouit des richesses de son futur époux, un vieillard ennuyeux, c'est uniquement parce qu'elles lui permettront de se réjouir avec un jeune amant :

Mon père et ma mère
Leur foi ont juré
Que dans six semaines
Je me marierai.
Au joli bois m'en vais
Au joli bois j'irai.

A un vieux bonhomme
Que je tromperai.
Droit en Cornouaille
Je l'enverrai.
Au joli bois...

Et de ses richesses
Largesse en ferai.
A un beau jeune homme
Je les donnerai
Au joli bois...

(*La Fleur des Chansons amoureuses*, Launay, 1600.)

Le thème des époux mal assortis est, bien sûr, un vieux sujet de plaisanteries, ou de tragédies. Il est ainsi formulé dans une ballade d'un troubadour anonyme du XIIe siècle, *A l'entrée du temps clair :*

...Le roi vient, d'un autre côté, pour troubler la dame, tant il a grand crainte qu'on lui veuille dérober la reine d'Avril.

Mais elle n'en veut rien faire, elle n'a cure d'un vieillard et préfère un jeune homme qui sache la réjouir, elle, la dame savoureuse.

La dame s'accommode rarement d'un époux décevant. Les quelques chansons qui énumèrent les avantages qu'offre un mari trop « petit » le font en termes trop dérisoires pour être sincères; le burlesque aide à faire contre mauvaise fortune bon cœur. Écoutons l'une des maumariées des *Rondes à danser* de Ballard, en 1724, *Pourquoi j'ai pris un petit mari,* et comparons-la à *Moi j'ai un homme qui est petit,* chanson de la région toulousaine :

Chez Ballard :

Refrain
Et voilà pourquoi je l'ai pris
Afin qu'il m'en coûtât moins
En chaussure et en pourpoint

Du dedans d'une noix
Je le nourris trois mois

De la pelure d'un oignon
Je lui ai fait un caleçon
Avec un bonnet de nuit

D'une vieille aiguille épointée
Je lui ai fait faire une épée
Et un petit poignard aussi

A Toulouse

Refrain
Moi j'ai un homme qui est petit,
Je peux le dire, je peux le dire
Moi j'ai un homme qui est petit,
Je peux le dire, il est petit.

D'une coque d'aveline
Je lui fis une cabane
Et du reste un cabanon.

D'une peau de musaraigne
Je lui fis une capuche
Et du reste un capuchon.

D'une aiguille dépointée
Je lui fis une aiguillade
Et du reste un aiguillon.

Un mariage aussi mal assorti provoque d'habitude les protestations de l'épouse. La plainte est parfois justifiée par un mauvais traitement infligé par le mari, toujours vieux et grincheux :

Quand mon mari vient de dehors
Ma rente est d'être battue.
Il prend la cueiller du pot

A la tête il me la rue.
J'ai grand peur qu'il ne me tue.
C'est un faux vilain jaloux
C'est un vilain rioteux grommeleux
Je suis jeune et il est vieux.

(Roland de Lassus, XVIe siècle.)

Mais, de façon quasi systématique, c'est plutôt l'absence de tout « traitement » que la maumariée reproche à un époux vieux ou paresseux. Les accusations sont même très précises, dans ces chansons du XVIIe siècle :

Mon père a choisi un mari
Mais il me l'a si mal choisi
Le gros lourdaud
Le vilain maladroit
Jamais il ne pourra
Trouver mon berlinguet.

ou encore

Mon père m'a donné un mari
Un faux vieillard tout raccourci
Tant j'étais innocente,
Qui n'avait point qui n'avait point
De bonne avoine à vendre
Un faux vieillard tout raccourci
La nuit que couchai avec lui
Après ma longue attente
Il me jura qu'il n'avait point
De bonne avoine à vendre...

(*Chansons* de Gaultier-Garguille, 1632.)

L'épouse déçue n'hésite pas à prendre de louables initiatives pour ranimer le mari défaillant :

Si en ma main je prends sa lance
Pour voir en quel point elle est
Je trouve qu'il n'a puissance
De la coucher en l'arrêt.
Je la voudrais tant, tant...

(*La Fleur des chansons amoureuses,* Launay, 1600.)

Pour échauffer mon vieillard
J'ai beau chercher des ruses
J'ai toujours du vieux pénard

De nouvelles excuses.
Sa carcasse est immobile
En ce que je vais cherchant...

(Gaultier-Garguille.)

Une chanson du *Parnasse des Muses* de 1633 préfigure ce que sera la chanson de maumariée à partir du XIXe siècle : cocasse et convenable.

Les mots grivois disparaissent. La taille réduite du mari fournit un élément burlesque; un animal minuscule, la souris, apparaît dans la chanson :

Mon père m'a donné un mari
Encornati encornati
Il me l'a donné si petit
Encornati que Jacques
Encornati encornati.
Encornati que j'ai acquis
Qu'il me faut le porter au lit.

Sitôt qu'il fut dedans le lit
Il mit la main sur mon nombril.
« Que fais-tu, malheureux mari?
– Je cherche mon bonnet de nuit.
– Il est au coffre, au pied du lit.
Prends la clé, va le quérir. »
Du premier tour que la clé fit
Du coffre sort une souris.
Le pauvre mari s'enfuit.
Courez après et rendez-lui.

Quelques années plus tard, l'acteur La Rancune, héros du *Roman comique* de Scarron, chante :

Mon père m'a donné mari
Qu'est-ce d'un homme si petit?
Il n'est pas plus grand qu'une fourmi.
Hé qu'est-ce? qu'est-ce? qu'est-ce?
Qu'est-ce d'un homme
S'il n'est, s'il n'est homme
Qu'est-ce d'un homme si petit?

Dans les *Rondes à danser* de Ballard, en 1724, et dans le manuscrit aux armes du duc de Castries (1738-1742), la chanson gagne en élégance.
Elle devient aussi très cruelle. L'infortuné époux ne sera pas cocu, il mourra étouffé par l'impétuosité de son épouse (manuscrit de Castries), ou asphyxié dans la paille (Ballard).

Voici le texte de ces deux versions :

Ballard

Mon père m'a donné un mari.
Qu'est-ce d'un homme si petit?
Il me l'a donné je l'ai pris.
Qu'est-il? Où est-il?
Qu'est-ce d'un homme
S'il n'est, s'il n'est homme
Qu'est-ce d'un homme
Qui est si petit?

Le soir quand avec lui je couchis
Dedans le lit il se perdit.

Dedans la paille je le cherchis
Bien quatre jours il y restit.

Tant qu'à la fin il étouffit
M'en voilà quitte, Dieu merci.

Manuscrit de Castries

Mon père m'a donné un mari.
Il me l'a donné je l'ai pris.
Il est si menu si chétif
Qu'on le mettrait dans un étui.
Quand couchai le soir avec lui
Dedans les draps il se perdit.
J'eus beau tâtonner dans le lit
Je restai sur mon appétit.
Que je trouvai longue la nuit.
Voyant qu'il esquivait ainsi
D'un saut je me jetai sur lui.
Du coup il s'est évanoui
Dans mes bras il rendit l'esprit.

Trempe ton pain, Marie

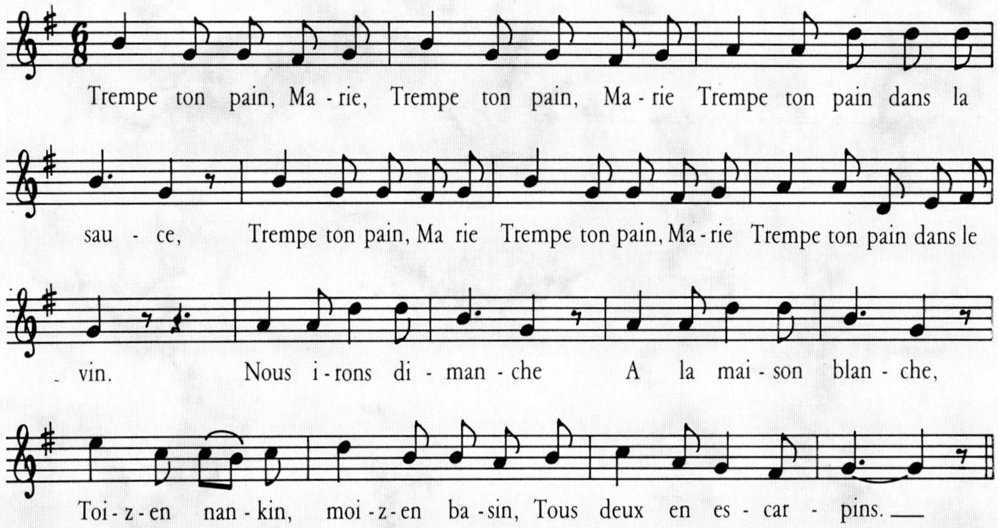

Refrain
Trempe ton pain, Marie *(bis)*
Trempe ton pain dans la sauce,
Trempe ton pain, Marie *(bis)*
Trempe ton pain dans le vin.

Nous irons dimanche
A la maison blanche,
Toi z'en nankin, moi z'en basin,
Tous deux en escarpins.

Le long de la Seine,
Irons à Suresnes.
Manger des gâteaux
Voir passer les bateaux.

On sait que cette ronde était chantée en 1866-67 par les soldats en garnison à Sathonay et à Châlons. Il est probable que les paroles ont été composées vers cette époque, en tout cas sous le Second-Empire, puisque le nankin, ce tissu de coton jaune chamois venu de Chine, eut une immense vogue à cette époque (alors que le basin, étoffe croisée de fil et de coton, est connu en France depuis le Moyen Age). Les escarpins, eux, avaient été mis à la mode, pour aller danser, par les Romantiques. Le deuxième couplet, qui évoque bien l'engouement de l'époque pour les guinguettes des bords de Seine, semble confirmer notre hypothèse. *Les Chants et Chansons des soldats de France* de Joseph Vingtrinier (1902) rappellent cette chanson à succès :

Marie trempe ton pain,
Dit un vieux refrain,
Marie trempe ton pain
Dans la sauce,

Marie trempe ton pain (bis)
Marie trempe ton pain
Dans le vin.
Que ce chant joyeux
Cher à nos aïeux
Retentisse de nouveau jusqu'au cieux.

L'air, vif et entraînant, a été emprunté à une contredanse* du XVIe siècle. Les Suédois l'ont adopté pour une de leurs danses nationales, la gotländska.

Promenons-nous dans les bois

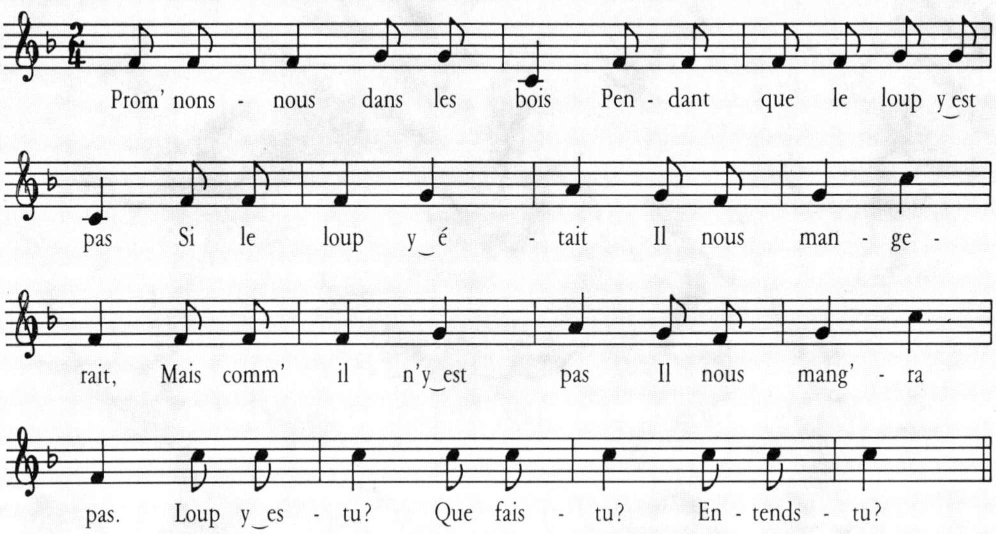

Tous

Prom'nons-nous dans les bois
Pendant que le loup n'y est pas
Si le loup y était
Il nous mangerait,
Mais comm' il n'y est pas
Il nous mang'ra pas.
Loup y es-tu?
Que fais-tu?
Entends-tu?

Le loup

Je mets ma chemise!

Tous

Prom'nons-nous dans les bois
Pendant que le loup y est pas
Si le loup y était
Il nous mangerait...

Le loup

Je mets ma culotte!

Je mets ma veste!

Je mets mes chaussettes!

Je mets mes bottes!

Je mets mon chapeau!

Je mets mes lunettes! etc.

Je prends mon fusil! J'arrive.

Tous

Sauvons-nous!

Une des fillettes se cache et fait le loup. Une autre est la biche, et le reste de la troupe la suit en se tenant par la robe. Quand le loup sort de sa cachette, il cherche à s'emparer d'une des fillettes qui sont à la queue de la biche; celle-ci les défend du mieux qu'elle peut, mais le loup finit toujours pour être le plus fort et s'empare successivement de toutes les suivantes de la biche; quand toutes sont prises, le jeu est fini.

Malbrough s'en va-t-en guerre

Malbrough s'en va-t-en guerre
Mironton mironton mirontaine
Malbrough s'en va-t-en guerre
Ne sait quand reviendra. *(bis)*

Il reviendra-z-à Pâques
Mironton mironton mirontaine
Il reviendra-z-à Pâques
Ou à la Trinité. *(bis)*

La Trinité se passe
Malbrough ne revient pas.

Madame à sa tour monte
Si haut qu'elle peut monter.

Elle aperçoit son page
Tout de noir habillé.

« Beau page, ah! mon beau page
Quelles nouvelles apportez?

– Aux nouvelles que j'apporte,
Vos beaux yeux vont pleurer.

Quittez vos habits roses
Et vos satins brochés.

Monsieur Malbrough est mort,
Est mort et enterré.

Je l'ai vu porté-z-en terre
Par quatre-z-officiers :

L'un portait sa cuirasse
L'autre son bouclier.

L'un portait son grand sabre
Et l'autre rien portait.

Sur la plus haute branche
Le rossignol chantait.

On vit voler son âme
A travers les lauriers. »

Selon la tradition, la chanson de *Malbrough* apparaît à la Cour de France vers 1780, lorsque la nourrice du Dauphin, madame Poitrine, la fredonne à son nourrisson. Émerveillée, la reine Marie-Antoinette – et la Cour à sa suite – chante *Malbrough*. Sur cet air à la mode, Beaumarchais écrit en 1784 la romance de Chérubin, pour *le Mariage de Figaro* :

J'avais une marraine
Que mon cœur, que mon cœur
a de peine,
J'avais une marraine
Que toujours adorai... (bis)

La tradition est ici légende, car l'air de Malbrough circule déjà dans Paris depuis quelques années, quand madame Poitrine le chante au royal nourrisson. La chanson fait partie d'un recueil de colportage* publié vers 1770, et en 1779 Favart mentionne le timbre de Malbrough dans son vaudeville* *Rêveries renouvelées des Grecs.*

Mais qui était Malbrough, chansonné à la ville, puis à la Cour grâce aux nobles fonctions de madame Poitrine? Le général anglais John Churchill, duc de Marlborough, naît en 1650, meurt en 1722. Il mène une brillante carrière diplomatique et militaire. Ami du duc d'York, il est nommé ambassadeur en France lorsque le duc devient roi d'Angleterre sous le nom de Jacques II. Mais il passe ensuite au service de Guillaume d'Orange, gouverneur des Pays-Bas et gendre de Jacques II. Cette défection contribue à la chute du roi et facilite l'accession de Guillaume d'Orange au trône d'Angleterre.

L'essentiel de la carrière militaire du duc de Marlborough fut consacré à lutter contre la France. C'est pourquoi les Français trouvèrent plaisant de raconter sur un ton parodique sa mort et son enterrement.

Les paroles en effet dateraient de la bataille de Malplaquet (1709), où Marlborough battit les troupes françaises... le bruit courut, en pleine bataille, qu'il venait d'être tué. Il est certain que, durant des années, les soldats français souhaitèrent la mort de cet ennemi toujours vainqueur et se donnèrent courage en la célébrant.

Mais le thème du cortège d'enterrement n'est pas propre à *Malbrough.* Deux chansons ont pu servir de modèles directs. La première narre la mort du Prince d'Orange, tué à Saint-Dizier en 1543, en combattant les troupes françaises (n'oublions pas que quelque cent cinquante ans plus tard, Marlborough sera au service de son descendant et combattra, lui aussi, contre la France).

Nous en donnons ici le texte intégral :

Le beau prince d'Orange
S'est un peu trop pressé.
Il fit son équipage
A cheval est monté.

Où allez-vous mon prince?
Demande l'écuyer.
Je vais aller en guerre
Tout droit à Saint-Dizier.

Sa femme lui demande :
« Prince, quand reviendrez?
– Je reviendrai à Pâques
A Pâques ou à Noël. »

Voici Pâques venue
Et le Noël passé,
Le beau prince d'Orange
N'y est point arrivé.

Sa femme en est en peine
Et ne fait que pleurer.
Elle entra dans sa chambre
Pour son corps y parer.

Regarde à la fenêtre
Et voit un messager :
« Messager porte lettre
Quelles nouvelles apportez?

– J'apporte des nouvelles
Qui vous feront pleurer :
Le beau Prince d'Orange
Est mort et enterré.

Je l'ai vu porter en terre
Par quatre cordeliers. »

La seconde, le *Convoi du duc de Guise*, conte les funérailles d'un duc de Guise, assassiné en 1563 par un gentilhomme protestant, Poltrot de Méré. Nous n'en retiendrons que les éléments repris dans *Malbrough*, comme le refrain en onomatopées :

Et bon, bon, bon, bon
Di dan di dan don,

et le défilé des pages :

Quat' gentilshommes y avait
Dont l'un portait un casque
Et l'autre ses pistolets...

Le dernier couplet du *Convoi du duc de Guise* a inspiré les derniers couplets de *Malbrough*, qui est vite devenue une chanson à rallonges :

La cérémonie faite
Chacun s'alla coucher

Les uns avec leur femme
Et les autres tout seuls.

...ce qui amène *Malbrough* à une fin assez plate et triviale :

Ce n'est pas qu'il en manque
Car j'en connais beaucoup

Des brunes et des blondes
Et des châtaignes aussi

Je n'en dis pas davantage
Car en voilà-z-assez!

Remontons plus haut encore dans le temps. La chanson du Prince d'Orange et celle du duc de Guise pourraient s'inspirer d'une chanson sur la guerre de Bretagne. A la mort de Louis XI, en 1483, la Bretagne se soulève. L'armée française, avec ses étendards frappés d'une croix blanche, marche contre François de Bretagne :

Gentils galants de France
Qui en la guerre allez
Je vous prie qu'il vous plaise
Mon ami saluer.

– Comment le saluerai
Quand point ne le connais?
– Il est bon à connaître
Il est de blanc armé.

Il porte la croix blanche
Les éperons dorés
Et au bout de sa lance
Un fer d'argent doré.

– Ne pleurez plus la belle
Car il est trépassé.
Il est mort en Bretagne,
Les Bretons l'ont tué.

J'ai vu faire sa fosse
A l'orée d'un vert pré
Et vu chanter sa messe
A quatre cordeliers.

Dans les prisons de Nantes

Dans les prisons de Nantes
Il y a un prisonnier

Que personne ne va voir
Que la fille du geôlier.

Elle lui porte à boire
A boire et à manger

Et des chemises blanches
Quand il en veut changer.

Un jour il lui demande :
« De moi a-t-on parlé?

– Le bruit court par la ville
Que demain vous mourrez.

– Puisqu'il faut que je meure
Déliez-moi les pieds ».

La fille était jeunette
Les pieds lui a lâchés.

Le galant fort alerte
Dans la Loire a sauté.

Quand il fut sur la grève
Il se mit à chanter :

« Dieu bénisse les filles
Surtout celle du geôlier.

Si je reviens à Nantes
Oui, je l'épouserai. »

Deux airs bien différents accompagnent les paroles de cette chanson. On peut choisir un air monotone et triste, déjà noté comme air de danse, de double branle*, dans le *Recueil des plus belles chansons de danses de ce temps,* publié par Mangeant en 1615. On peut lui préférer un autre air, au rythme entraînant, où le deuxième vers de chaque couplet se chante et se bisse sur le même air que le fameux « Ne sait quand reviendra, ne sait quand reviendra » de *Malbrough.*

La chanson se chantait surtout dans l'Ouest de la France : Bretagne nantaise, Côtes-du-Nord, Normandie. Elle fait aussi partie du répertoire traditionnel du Canada. Elle y arriva avec les Nantais, qui furent nombreux au XVIIIe siècle à partir peupler ces terres lointaines.

Qui est ce prisonnier, tout heureux de s'échapper du château de Nantes, qui servit longtemps de prison d'État ? Nous ne pouvons le dire de façon sûre. La première apparition manuscrite de la chanson – à la fin du XVIIe siècle – autorise à citer deux noms célèbres, celui du cardinal de Retz, compromis dans la Fronde, et celui de Fouquet, surintendant des Finances, condamné par Louis XIV pour malversations. Si Fouquet était, comme on l'a parfois imaginé, le Masque de fer, un épisode sentimental, traité sur un ton ironique, s'ajouterait alors à la légende du mystérieux prisonnier.

Il existe de la chanson une version plus dramatique, dans laquelle la jeune fille doit user d'un subterfuge pour sauver son amant.

Sur le pont de Nantes m'en allai promener
J'ai rencontré ma mie, l'ai voulu caresser
Les gens de la justice, ils m'ont emprisonné.
Mais quand la belle a vu que son amant fut pris
Elle s'habille en page, en page de ce pays
Et vint à la prison dessus son cheval gris.

Les deux amants échangent leurs vêtements ; le jeune homme s'échappe et la belle prend sa place en prison. Les juges prononcent la peine de mort contre le prisonnier ; ils s'aperçoivent alors de la supercherie :

Puisqu'il en est de la sorte, on ne peut vous condamner
Si vous êtes une fille, on ne peut vous étrangler
Et nous vous permettons chez vous de retourner
Dans la cour, une chanson la belle a commencé :
« Je me moque de ces juges, de ces bonnets carrés
Et de ces robes noires, j'ai mon amant sauvé. »

Ces chansons évoquant l'évasion romanesque du héros grâce à sa bien-aimée font pendant à la chanson de *La fille au roi Louis,* composée sur une mélodie du XVIIIe siècle, et qui reprend le thème très ancien de la jeune princesse emprisonnée par son père, puis sauvée par la ruse de son amant.

Le roi Louis est sur son pont
Tenant sa fille en son giron.
Elle se voudrait bien marier
Au beau Déon, franc chevalier.

Ma fille, n'aimez jamais Déon
Car c'est un chevalier félon.
C'est le plus pauvre chevalier,
Qui n'a pas vaillant six deniers.

Ma fille, il faut changer d'amour
Ou vous entrerez dans la tour.
J'aime mieux rester dans la tour,
Mon père, que de changer d'amour.

Le beau Déon, passant par là
Un mot de lettre lui jeta.
Il y avait dessus écrit :
« Belle, ne le mettez en oubli.

Faites-vous morte ensevelir,
Que l'on vous porte à Saint-Denis.
En terre laissez-vous porter,
Point enterrer ne vous lairrai. »

La belle n'y a pas manqué
Dans le moment a trépassé.
Elle s'est laissée ensevelir
On l'a portée à Saint-Denis.

Le beau Déon passant par là :
« Arrêtez, prêtres, halte-là !
C'est m'amie que vous emportez
Ah ! laissez-moi la regarder ! »

Il tira son couteau d'or fin
Et décousit le drap de lin.
En l'embrassant, fit un soupir
La belle lui fit un sourire.

« Sonnez, trompettes et violons
Ma fille aura le beau Déon.
Fillette qu'a envie d'aimer
Père ne l'en peut empêcher. »

Aux marches du palais

Aux marches du palais *(bis)*
Y a une tant belle fille
Lon la
Ya une tant belle fille.

Elle a tant d'amoureux *(bis)*
Qu'elle ne sait lequel prendre
Lon la
Qu'elle ne sait lequel prendre

C'est un petit cordonnier
Qui a eu sa préférence.

Et c'est en la chaussant
Qu'il lui fit sa demande.

La belle, si tu voulais,
Nous dormirions ensemble,

Dans un grand lit carré,
Couvert de toiles blanches.

Aux quatre coins du lit,
Un bouquet de pervenches.

Dans le mitan du lit,
La rivière est profonde;

Tous les chevaux du roi
Y viennent boire ensemble.

Et là, nous dormirions
Jusqu'à la fin du monde.

A la fin du siècle dernier, l'historien Charles Seignobos mentionne cette « vieille chanson », dont il affirme avoir recueilli les paroles, sans toutefois préciser ses sources. Certains le soupçonnent d'avoir écrit lui-même la chanson, car aucun recueil antérieur ne la mentionne sous cette forme. Toutefois, il ne peut être que l'arrangeur talentueux des multiples versions d'une chanson populaire et maintes fois publiée dans les chansonniers* : le recueil de Chardavoine en 1576, celui des *plus belles chansons de danses de ce temps,* publié par Mangeant en 1615, contiennent la chanson de *la Flamande,* qui conte une histoire similaire.

Sur les marches du palais
Y a une jolie Flamande.

Elle a tant d'amoureux
Qu'elle ne sait lequel prendre :

L'un est boulanger,
L'autre est valet de chambre;

C'est un petit cordonnier,
Qui a eu la préférence.

Lui fera des souliers
De maroquin d'Hollande.

C'est en les lui chaussant
Qu'il en fait la demande :

« La Belle, si vous vouliez,
Nous dormirions ensemble... »

Une autre version de *la Flamande* était chantée dans la région d'Angoulême. Elle fut recueillie par Bujeaud dans ses *Chants et Chansons populaires des Provinces de l'Ouest.*

Dedans la cour du roi
Tra la la
Il y a une Flamande.
Qui a des courtisans
Tra la la la la la la
Qui a des courtisans
Qui ne sait lequel prendre.

Le fils du cordonnier
Celui que son cœur aime
Lui a fait des souliers
De maroquin des Flandres.

Les lui a t'apportés
Le lundi dans sa chambre.
Tout en les essayant
Il en fait la demande.

Si mon père le veut
Ma mère en est contente.
N'y a que nos parents
Qui sont brouillés ensemble.

Le Palais de Justice à Paris au XVIIe siècle.

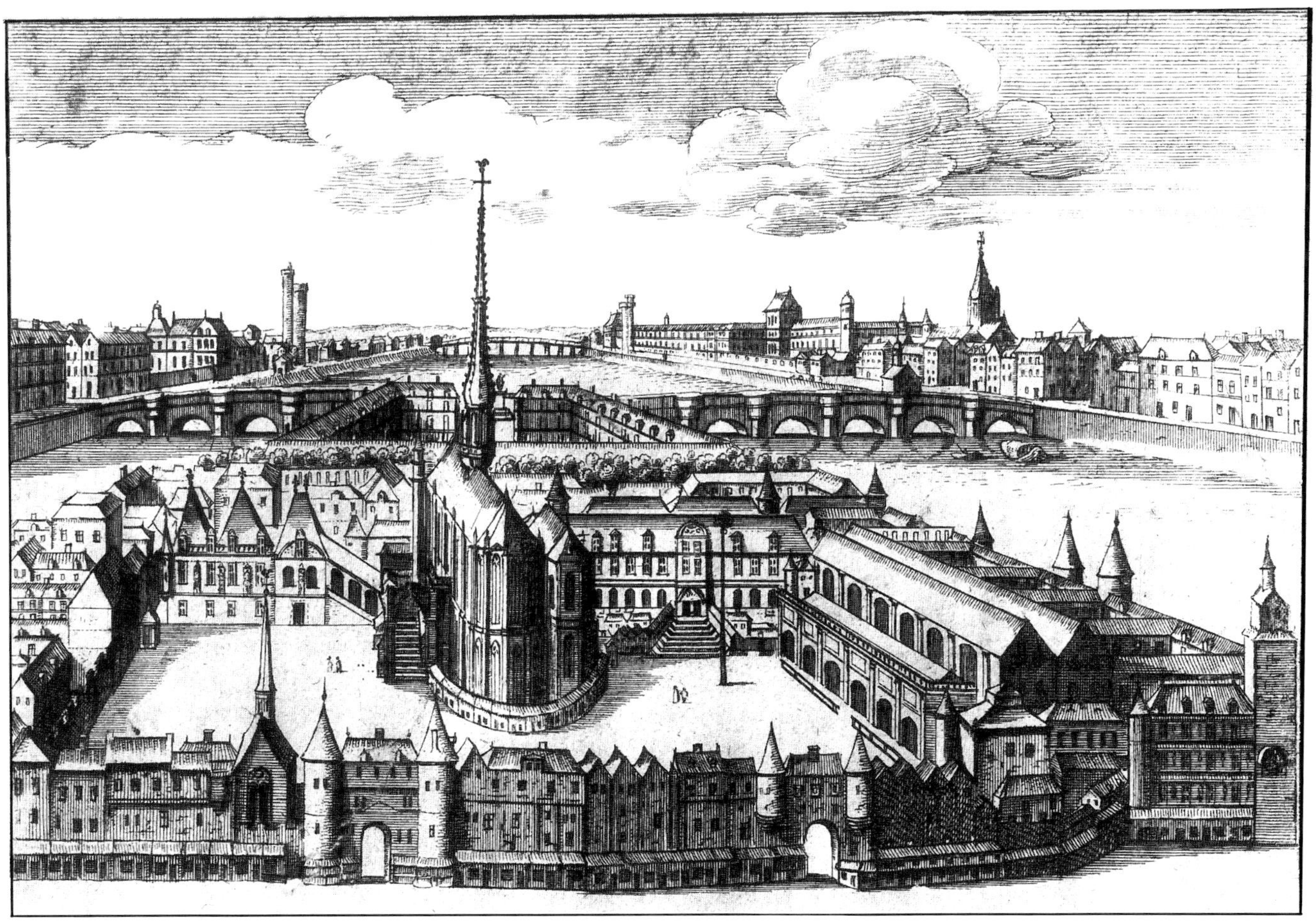

Brouillés ou non brouillés
Nous coucherons ensemble.
Dans un beau lit de camp
Couvert de roses blanches.

Aux quatre coins du lit
Quatre pommes d'orange.
Dans le mitan du lit
Le gai rossignol chante.

Chante rossignolet
Que ta voix est charmante,
Quand nous aurons couché
Tu auras ta revanche.

Dans ce même recueil figure une chanson de marins dont la fin présente quelque ressemblance avec *la Flamande*.

Les marins viennent d'arriver à l'auberge :

Dans quelle chambre coucherons-nous?
Dans la plus haute chambre

Dans un grand lit carré
Couvert de roses blanches

Au quatre coins du lit
Quatre pommes d'orange

Et au mitan du lit
Le gai rossignol chante

Mais, jamais l'histoire n'est aussi idéalement parfaite que dans notre chanson; les éléments qui, réunis ici, la rendent si poétique (le grand lit fleuri, le cordonnier méritant et la belle fille) proviennent d'autant de versions populaires.

En Vendée, la jeune fille est belle, mais fille d'un simple laboureur :

Où est la fille du laboureur?
On dit qu'elle est tant belle

On dit qu'elle a tant d'amoureux
Qu'elle ne sait lequel prendre...

Son prétendant ne brille pas par son mérite personnel ; il est fort de son « bien » et de sa position sociale :

Moi j'ai du blé plein mon grenier
Des sous plein ma chaussette

Moi j'ai des vaches avec des bœufs
Mon père il est le maire...

En Beaujolais, la jeune fille, courtisée par d'humbles jeunes gens, choisit elle-même son futur, un cordonnier :

Le premier est boulanger
Le second valet de chambre

Le troisième est cordonnier
C'est lui qu'elle demande...

Ce choix n'est pas fait au hasard. Parmi le corps de métiers, celui des cordonniers jouissait traditionnellement d'un grand prestige ; le maître cordonnier était appelé « pontife ». Mais l'habileté de ce distingué artisan n'empêche pas l'histoire de se conclure le plus platement du monde :

Il lui fit des souliers
Il lui fit sa demande

Mon père est consentant
Ma mère en est contente.

Deux autres versions, proches l'une de l'autre, se distinguent par leur mélange de drôlerie satirique, de légère grivoiserie et de raffinement sensuel. Toutes deux se moquent durement des femmes, toujours perdantes en amour. L'une, tirée d'un chansonnier composée vers 1740 et appartenant au Maréchal de Castries, est sans doute mère de l'autre, plus populaire.

Cette dernière version commence ainsi :

Au fond d'un bourg il y a
Une jolie couturière

Qui voudrait se marier
Personne ne la demande,

Un garçon épicier
En fit faire la demande.

Elle conclut trivialement :

Et au milieu du lit
Le rossignol y chante

Et en-dessous du lit
La rivière est coulante

A quoi servit cette eau?
Pour arroser les plantes

Les plantes du jardin
Et la chicorée blanche.

La version du XVIIIe siècle est tout aussi leste :

Au beau milieu du lit
La belle se présente

Et au chevet du lit
Le rossignol y chante

Quand il eut bien chanté
La belle en fut contente

Il s'envola trop tôt
Et trompa son attente.

L'amour était pourtant promis comme une somptueuse fête, dans les couplets précédents :

Fâchés ou non fâchés
Ils coucheront ensemble

Dans un beau lit carré
Tout couvert de lavande

Aux quatre coins du lit
Quatre pommes d'orange...

Dans la version populaire, les paroles sont presques identiques :

Dans un beau lit carré
Couvert de roses blanches

Aux quatre coins du lit
Deux jolies pommes d'orange.

La chanson, telle que nous la chantons, est, selon toute apparence, une réfection du texte du XVIIIe siècle, qui répond à un souci de poétiser, voire d'édulcorer, la chanson initiale : là où s'offrait le corps de la belle, « les chevaux du roi viennent y boire ensemble » ; l'évocation du rossignol coquin est remplacée par l'image, plus conventionnelle, de roses et de fruits. Le début même de la chanson n'a plus le mordant du texte du XVIIIe siècle, qui commençait par une satire discrète des hommes de loi... si benêts qu'ils ne remarquent pas les jolies filles :

Dans la cour du Palais
Il y a une marchande
Les procureurs y vont
Les avocats par bande

N'y a qu'un petit cordonnier
Qui en a fait la demande...

Le premier couplet de cette version éclaire le début de la chanson telle que nous la chantons aujourd'hui : « Aux marches du palais... » Ce palais, à l'origine, n'est pas un château, mais le Palais de Justice de Paris, qui s'appela longtemps « palais marchand », sa cour et ses alentours abritant tout un petit commerce de boutiques.

Transcription erronée d'une version dont les premiers mots auraient été « Au marché du Palais », ou contamination du premier vers par le mot « marchande » peuvent expliquer qu'on en soit arrivé aux « marches du palais ».

Quoi qu'il en soit, l'évolution de ce vers correspond bien à la tendance déjà évoquée de poétiser la chanson, en éliminant tous les éléments par trop populaires.

En passant par la Lorraine

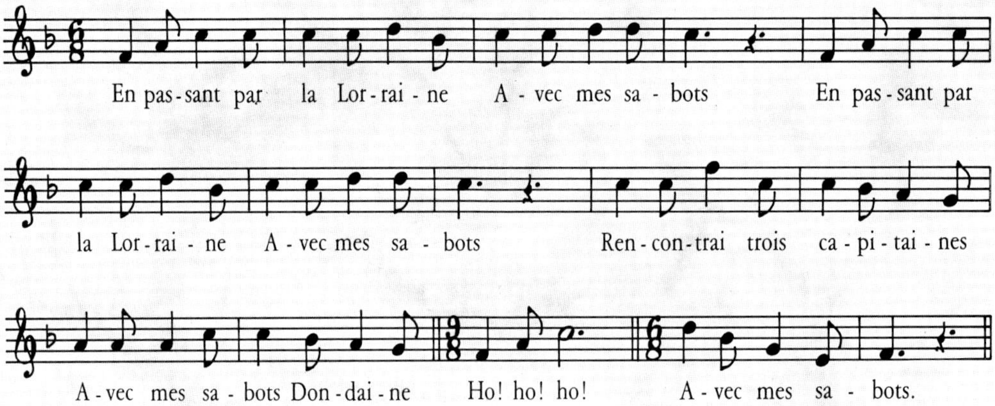

En passant par la Lorraine } *(bis)*
Aves mes sabots
Rencontrai trois capitaines
Avec mes sabots
Dondaine
Ho! ho! ho!
Avec mes sabots.

Rencontrai trois capitaines. } *(bis)*
Avec mes sabots...
Ils m'ont appelée vilaine.
Avec mes sabots...

Je ne suis pas si vilaine
Avec mes sabots...

Puisque le fils du roi m'aime.

Il m'a donné pour étrennes

Un bouquet de marjolaine.

S'il fleurit, je serai reine.

S'il meurt, je suis dans la peine.

En 1564, paraissait à Anvers *Le premier livre de chansons à quatre parties, auquel sont vingt-sept chansons nouvelles composées par M. Orlando de Lassus;* parmi elles, la chanson suivante :

En revenant de Lorraine,
Margot
Rencontrai trois capitaines,
Ils m'ont saluée vilaine,
Je suis leur fièvre quartaine,

avec le refrain suivant :

Margot, labourez les vignes
Vignes, vignolet
Margot, labourez les vignes bientôt.

En 1600, Adrian de Launay publiait à Rouen, dans *La Fleur des chansons amoureuses,* une chanson identique, mais avec un refrain différent :

En revenant de Lorraine
Des souliers de bois
Rencontrai trois capitaines
Des souliers de bois
Bois bois bois bois
Des souliers de bois.

Les souliers de bois annoncent, bien sûr, les sabots de bois. La structure de la chanson est restée la même à travers les siècles. Mais une fleur, la marjolaine, a remplacé les vignes : la rude marche militaire est devenue aussi une chanson d'amour.

Les deux chansons se chantaient sur des airs différents de celui que nous connaissons dans la version populaire. Ce dernier est tiré d'une mélodie du *Tiers livre de chansons nouvellement composées en musique à quatre parties par Jacques Arcadet et autres auteurs,* publié en 1561.

Monsieur de La Palisse

Messieurs vous plaît-il d'ouïr
L'air du fameux La Palisse
Il pourra vous réjouir
Pourvu qu'il vous divertisse.
La Palisse eut peu de bien
Pour soutenir sa naissance
Mais il ne manqua de rien
Dès qu'il fut dans l'abondance.

Bien instruit dès le berceau,
Jamais tant il fut honnête,
Il ne mettait son chapeau
Qu'il ne couvrît la tête.
Il était affable et doux
De l'humeur de feu son père
Et n'entrait guère en courroux
Si ce n'est dans la colère.

Ses valets étaient soigneux
De le servir d'andouillettes
Et n'oubliaient pas les œufs
Surtout dans les omelettes.
De l'inventeur du raisin
Il révérait la mémoire
Et pour bien goûter le vin
Jugeait qu'il fallait en boire.

Il voyageait volontiers
Courant par tout le royaume
Quand il était à Poitiers
Il n'était pas à Vendôme.
Il se plaisait en bateau
Et soit en paix soit en guerre,
Il allait toujours par eau
A moins qu'il n'allât par terre.

Dans un superbe tournoi
Prêt à fournir sa carrière,
Il parut devant le roi
Il n'était donc pas derrière.
Monté sur un cheval noir
Les dames le reconnurent
Et c'est là qu'il se fit voir
A tous ceux qui l'aperçurent.

Il fut par un triste sort
Blessé d'une main cruelle
On croit puisqu'il en est mort
Que la plaie était mortelle.
Regretté de ses soldats
Il mourut digne d'envie
Et le jour de son trépas
Fut le dernier de sa vie.

Nul n'ignore ce qu'est une « vérité de La Palisse ». Et nous savons tous que l'expression tire son origine d'une chanson. Mais – s'il n'était pas mort – le véritable La Palice (telle était l'orthographe originale) serait sans doute bien étonné du sort réservé à son nom !

En octobre 1524, François Ier assiégea la ville de Pavie, en Italie. Le siège dura quatre mois. Il semblait sans issue quand Charles, Connétable de Bourbon, chef de l'armée de Charles-Quint, vint attaquer le roi dans son camp, la nuit du 24 au 25 février 1525. La bataille fut rude et François Ier dut se rendre. Jacques de Chabannes, seigneur de La Palice, Maréchal de France, fut tué en se battant pour tenter d'épargner la défaite à son roi. On consacra au guerrier héroïque le premier couplet d'une chanson :

Hélas ! La Palice est mort.
Il est mort devant Pavie.
Hélas ! s'il n'était pas mort
Il serait encore en vie.

dont la suite relate la bataille de Pavie et l'infortune du roi :

Quand le roi partit de France
A la malheur il partit.
Il en partit le dimanche
Et le lundi il fut pris...

Bernard de La Monnoye, Conseiller au Parlement de Bourgogne, et auteur des fameux *Noëls Bourguignons,* qui firent scandale en leur temps, remarqua la logique inattaquable de la première strophe,

due peut-être à une erreur d'interprétation de copiste : l'ancienne graphie du *s* et du *f* est presque identique, et la version primitive ne disait-elle pas tout simplement :

...Il ferait encore envie?

Quoi qu'il en soit, La Monnoye, qui, en 1715, réédite à sa manière les *Menagiana,* « ou bons mots et remarques critiques de M. Ménage », en est devenu, dit-il, non seulement le « réviseur », mais « l'amplificateur ». « Dans cette disposition d'esprit, j'ai dressé pied à pied divers articles, les uns de plaisanterie, les autres d'érudition. » Notre chanson fait partie de ces articles nouveaux. Voici comment son auteur la présente :

Gabriel Naudé qui dans son *Dialogue de Mascurat et de Sainte-Ange* a discouru fort au long de la Poésie Burlesque et de ses différents styles, ne paraît pas en avoir connu un qu'on pourrait fort bien, ce me semble, appeler le style *niais,* tel qu'est celui de la chanson intitulée *Le Fameux La Galisse,* homme imaginaire, dont on a pris plaisir de faire en cinquante quatrains la description suivante :

Messieurs, vous plaît-il d'ouïr
L'air du fameux La Galisse?
Il pourra vous réjouir
Pourvu qu'il vous divertisse.
...

(les couplets sont les mêmes que ceux de *Monsieur de La Palisse*).

Ce « on » (« qui a pris plaisir de faire... ») est manifestement un « je », et pour qui

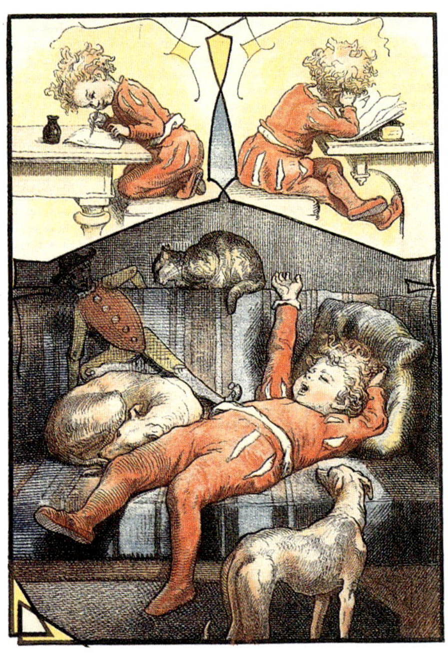

connaît un peu le spirituel La Monnoye, il est facile d'imaginer qu'avec cette chanson, il vise quelque personnage en vue.

Quand Ballard fit paraître dans *La Clef des Chansonniers,* en 1717, les strophes :

Hélas! La Palisse est mort
Il est mort devant Pavie!
Hélas! s'il n'était point mort
Il serait encor en vie

Hélas! qu'il eut bien grand tort
De s'en aller à Pavie!
Hélas! s'il ne fût point mort
Il n'eût point perdu la vie.

Le maréchal reprit ses droits, et c'est sous ce nom de La Palisse, avec un changement d'orthographe *(ss)* sans doute dû à La Galisse, que la chanson de La Monnoye fut publiée en 1770 dans ses *Œuvres Mêlées.*

Ni l'air donné dans *La Clef des Chansonniers,* ni celui qu'on trouve sous le nom de *La Palisse* dans *Les Rondes et Chansons à danser* de Ballard, en 1724, n'ont été conservés. La mélodie d'un vieux noël accompagne aujourd'hui les couplets de La Monnoye, ainsi que ceux que nous inventons au gré des « vérités de La Palisse » qui nous viennent à l'esprit.

Dame Tartine

Il était une Dame Tartine
Dans un beau palais de beurre frais.
La muraille était de praline,
Le parquet était de croquets,
La chambre à coucher
De crème de lait,
Le lit de biscuit,
Les rideaux d'anis.

Elle épousa Monsieur Gimblette
Coiffé d'un beau fromage blanc.
Son chapeau était de galette
Son habit était de vol-au-vent,
Culotte en nougat,
Gilet de chocolat,
Bas de caramel,
Et souliers de miel.

Leur fille, la belle Charlotte
Avait un nez de massepain,
De superbes dents de compote,
Des oreilles de craquelin.
Je la vois garnir
Sa robe de plaisirs
Avec un rouleau
De pâte d'abricot.

Voici que la fée Carabosse,
Jalouse et de mauvaise humeur,
Renversa d'un coup de sa bosse
Le palais sucré du bonheur
Pour le rebâtir,
Donnez à loisir,
Donnez, bons parents,
Du sucre aux enfants!

Quelques indices nous permettent de situer l'apparition de cette chanson, dont on ignore l'auteur. Elle a sans doute été composée après la parution du célèbre conte germanique *Hänsel et Gretel* publié en 1812 dans les *Contes d'enfants et du foyer* recueillis par Grimm : le palais, qui n'est plus de pain d'épice mais de beurre frais, et la fée Carabosse s'en inspirent assez directement, même si le reste de la chanson est très éloigné du conte populaire. D'autre part, si la plupart des pâtisseries évoquées sont anciennes (les « craquelins », sortes de bretzels, sont attestés dès le XIIIe siècle) le vol-au-vent, en revanche, ne fait son apparition qu'en 1817. Cette chanson n'est donc pas antérieure à cette date et l'on peut supposer qu'elle fut écrite pour un de ces nombreux recueils destinés aux enfants qui apparaissent vers le milieu du XIXe siècle, peut-être celui de Charles Lebouc, *Recueil de rondes avec jeux,* dans lequel elle figure en 1860.

Le Carillon de Vendôme

Mes amis que reste-t-il
A ce Dauphin si gentil?
Orléans, Beaugency
Notre-Dame de Cléry
Vendôme, Vendôme.

Un carillon est un ensemble musical de cloches, chacune sonnant une note différente. Les carillons devinrent à la mode au XVIe siècle, mais deux siècles plus tard, la Révolution fit taire nombre de cloches : le métal, fondu et récupéré, servit bien souvent à fabriquer des pièces d'artillerie.

Tel fut le sort des cloches de l'Abbaye de la Trinité, à Vendôme. Jusqu'alors, elles avaient sonné, sur les notes d'un canon* du XIVe siècle, l'air sur lequel nous chanton « Orléans, Beaugency... » :

ré mi do, ré mi do,
ré mi fa mi ré mi do
mi ré, do mi ré, do
do do do (3 heures)

Désormais, ce fut l'horloge de la Tour Saint-Martin qui sonna les heures sur un air plus simple. Mais un jour de 1948, un amoureux des carillons, M. Paul Dujardin, conseiller municipal de Vendôme, eut l'idée de rendre à sa cité son refrain de jadis. Une nouvelle cloche fut fondue. Le carillon d'antan était rendu aux Vendômois, qui chantent encore :

Amis chantons joyeusement
Les cloches de notre abbaye,
Et son antique sonnerie,
Qui semblait dire innocemment :

(air du carillon)
Bon paysan, bon manant,
Arrivez tous promptement
Apportez beaucoup d'argent,
Aux moines, aux moines.

Les paroles du *Carillon de Vendôme* évoquent la situation du domaine royal aux heures les plus sombres de la guerre de Cent ans.

Orléans et Beaugency sont historiquement liés à la résistance, puis à la victoire françaises face à l'envahisseur anglais. Jean d'Orléans, prince de Dunois, possédait un château à Beaugency; il fut compagnon d'armes de Jeanne d'Arc qui délivra Orléans assiégée depuis plusieurs mois par les Anglais. Durant tout le siège, les Anglais eurent en main le pont de Beaugency qui constituait, à l'époque, le seul moyen de traverser la Loire entre Orléans et Blois.

Si Vendôme fut une place d'importance stratégique, son nom était surtout lié, avec celui de Cléry, à la piété de la France, fille aînée de l'Église : la ville fut, jusqu'à la Révolution, le lieu du pèlerinage de la Sainte Larme, rapportée des Croisades (la larme que le Christ aurait versée sur Lazare). A Cléry est enterré Louis XI qui, tout jeune, se voua à la Vierge; il offrit son poids en argent à Notre-Dame de Cléry, qui l'avait sauvé de la mort au siège de Dieppe.

Le *Carillon de Vendôme* sonne aussi au beffroi de Beaugency, à Notre-Dame de Cléry et à l'une des églises d'Orléans.

Au XVIIe siècle, l'air du carillon de Vendôme est noté dans *La Clé des Chansonniers* de Ballard. A l'époque, on l'utilise volontiers pour composer quelque couplet moqueur. Par exemple cette complainte, écrite par Coulange et intitulée *Le Goutteux :*

Quel chagrin, quel ennui
De compter toute la nuit
Les heures, les heures.

Le genou, le jarret
La main gauche, le poignet
L'épaule, l'épaule.

On chansonne aussi l'acteur Ragotin, célèbre pour son débraillé et son intempérance :

Ragotin, ce matin
A bu tant de pots de vin
Qu'il branle, qu'il branle.

Et c'est encore sur l'air du carillon que l'on se moque du maréchal de Villeroi qui, en 1695, ne sut empêcher Guillaume II d'Orange d'assiéger Namur :

Villeroi, Villeroi
A fort bien servi le roi
Guillaume, Guillaume

Quelques années plus tard, on chante sur le même air la gloire du duc de Vendôme : ce descendant direct d'un fils naturel d'Henri IV s'illustra en combattant le prince Eugène, duc de Savoie.

Savoyards, Savoyards
Qui vous rend si mécontents?
Vendôme, Vendôme.

Buvons au petit-fils
Du grand roi Ventre Saint-Gris
Vendôme, Vendôme.

Qui te rend si chagrin
Eugène, prince mutin?
Vendôme, Vendôme.

Turin, tu seras battu
Car ainsi l'a résolu
Vendôme, Vendôme.

Clocher de la Trinité à Vendôme.

Mon âne, mon âne

Mon âne, mon âne a bien mal à la tête;
Madame lui fait faire un bonnet pour sa fête.
Un bonnet pour sa fête
Et des souliers lilas, la, la,
Et des souliers lilas.

Mon âne, mon âne a bien mal aux oreilles;
Madame lui fait faire une paire de boucles d'oreilles.
Une paire de boucles d'oreilles,
Un bonnet pour sa fête
Et des souliers lilas, la, la,
Et des souliers lilas.

Mon âne, mon âne a bien mal à ses yeux;
Madame lui fait faire une paire de lunettes bleues...

Mon âne, mon âne a bien mal à son nez;
Madame lui fait faire un joli cache-nez...

Mon âne, mon âne a mal à l'estomac;
Madame lui fait faire une tasse de chocolat...

La « Fête de l'âne », célébrée en l'honneur de l'âne qui protégea les premiers jours de l'enfant Jésus dans la crèche puis lors de la fuite en Égypte, fut très tôt associée à la « Fête des fous », qui rappelait plus les anciennes Saturnales qu'une solennité chrétienne. Les excès furent tels que dès le VIIe siècle maints décrets tentèrent de les circonscrire, en vain jusqu'au XVIe siècle où des mesures plus sévères les firent peu à peu disparaître. Nous avons dans le *Conduit de l'âne,* dont la musique parodie un chant grégorien, un exemple de ce que l'on pouvait entendre au XIIIe siècle. En voici le refrain (les couplets sont en latin) :

Or Sire âne, bien chantez,
Vous aurez du grain assez,
Et du foin, à rechigner,
Et de l'avoine à planter,
Hé, hé, Sire âne, hé!

La parodie était au cœur de ces fêtes qui avaient lieu vers Noël ou à l'Épiphanie. Un manuscrit du XVe siècle évoque un défilé d'ânes habillés en avocats juchés sur des mules! Peut-être avons-nous là l'origine de notre âne que « Madame » pare successivement d'un bonnet, de souliers, de boucles d'oreilles, de lunettes avant de lui offrir une tasse de chocolat.

Mais on trouve par ailleurs des traces anciennes du thème de « l'âne malade », dans les *Chansons folastres* de Gaultier-Garguille qui datent de 1631 :

Refrain :
Hélas, mon âne, tu te meurs
Tu me fais mourir de peur

Et de mon âne
Qui en aura la tête?
Ce sera toi, laquais,
La tienne est bien mauvaise.

Et de mon âne
Qui en aura la peau?
(les oreilles... les jambes...)
Ce sera toi, laquais,
La tienne est bien mauvaise.

Notre chanson « à récapitulation » (chaque strophe reprenant des éléments nouveaux des strophes précédentes) est citée à peu près telle quelle dans l'Enquête nationale menée en 1855 sur la chanson française. Dans *l'Assommoir,* Zola la fait chanter par Nana dans la cour de l'immeuble de la Goutte d'Or.

Notre âne, notre âne,
Il a mal à la patte.
Madame lui a fait faire
Un joli patatoire
Et des souliers lilas, la, la
Et des souliers lilas!

Notre âne, notre âne,
Il a bien mal au ventre.
Madame lui a fait faire
Un joli ventrouilloire
Et des souliers lilas, la, la
Et des souliers lilas!

Et la chanson suivante a été recueillie dans le Roussillon au début du XXe siècle :

Ploureu, ploureu, minetas,
Qu'el burrou esta malalt;
Te mal à la poteta
Y al ventri li fa mal.

No pot manjo cibada,
Sino pingous pelats;
No pot durmi à l'estable,
Sino en couxins daurats

(Pleure, pleure, petite fille,
Car notre âne est bien malade,
Il a mal à sa petite patte,
Et le ventre lui fait mal.

Il ne peut manger d'avoine,
Mais que des pignons pelés,
Ne peut dormir à l'étable,
Sauf sur des coussins dorés).

Ce thème de « l'âne malade » nous rappelle la sollicitude que l'on pouvait avoir à l'égard d'un bien que l'on craignait de perdre, mais évoque aussi le caractère capricieux de l'animal qui n'hésite pas à abuser de la situation.

Cadet Rousselle

Refrain
Ah! ah! ah oui, vraiment
Cadet Rousselle est bon enfant.

Cadet Rousselle a trois maisons *(bis)*
Qui n'ont ni poutres ni chevrons *(bis)*
C'est pour loger les hirondelles
Que direz-vous de Cadet Rousselle?

Cadet Rouselle a trois habits *(bis)*
Deux jaunes, l'autre en papier gris. *(bis)*
Il met celui-là quand il gèle
Ou quand il pleut et quand il grêle.

Cadet Rousselle a trois chapeaux
Les deux ronds ne sont pas très beaux
Et le troisième est à deux cornes
De sa tête il a pris la forme.

Cadet Rousselle a trois beaux yeux
L'un regarde à Caen, l'autre à Bayeux.
Comme il n'a pas la vue bien nette
Le troisième c'est sa lorgnette.

Cadet Rousselle a une épée,
Très longue, mais toute rouillée :
On dit qu'elle est encore pucelle,
C'est pour faire peur aux hirondelles.

Cadet Rousselle a trois souliers :
Il en met deux à ses deux pieds;
Le troisième n'a pas de semelle,
Il s'en sert pour chasser sa belle.

Cadet Rousselle a trois cheveux,
Deux pour la face, un pour la queue,
Et quand il va voir sa maîtresse,
Il les met tous les trois en tresse.

Cadet Rousselle a trois garçons,
L'un est voleur, l'autre est fripon;
Le troisième est un peu ficelle,
Il ressemble à Cadet Rousselle.

Cadet Rousselle a trois gros chiens :
L'un court au lièvre, l'autre au lapin;
Le troisième s'enfuit quand on l'appelle,
Comme le chien de Jean de Nivelle.

Cadet Rousselle a trois beaux chats,
Qui n'attrapent jamais les rats;
Le troisième n'a pas de prunelle,
Il monte au grenier sans chandelle.

Cadet Rousselle a marié
Ses trois filles dans trois quartiers;
Les deux premières ne sont pas belles,
La troisième n'a pas de cervelle.

Cadet Rousselle a trois deniers,
C'est pour payer ses créanciers;
Quand il a montré ses ressources,
Il les remet dans sa bourse.

Cadet Rousselle ne mourra pas,
Car avant de sauter le pas,
On dit qu'il apprend l'orthographe
Pour faire lui-même son épitaphe.

Les soldats de la Révolution sont les pères de Cadet Rousselle. Si la *Marseillaise* et le *Chant du Départ* exaltent leur patriotisme, le personnage fantasque et attendrissant de Cadet Rousselle les distrait des privations quotidiennes de leur vie de soldats. Comme eux, Cadet Rousselle est mal loti ; c'est un « cadet », un bidasse. Qui plus est, c'est un « roussel », un rouquin. C'est d'eux-mêmes que se moquent les soldats avec ce sobriquet.

Toutefois, ils ne font que reprendre les paroles d'une vieille chanson, *Jean de Nivelle,* en changeant le nom du héros. Jean de Nivelle est un personnage tristement célèbre de notre histoire. Fils de Jean de Montmorency, seigneur de Nivelle, dans le Brabant, il prit les armes contre Louis XI en 1454. Son père, fidèle au Roi, le déshérita, le traita de « chien » et voulut le citer en justice. Mais, après avoir giflé son père, le fils s'enfuit, « chien de Jean de Nivelle, qui fuit quand on l'appelle ! »

L'histoire devient chanson, en un débordement de détails à la fois grotesques et humiliants, tant l'imagination populaire se plaît à déconsidérer un seigneur qui s'abaissa à souffleter son père. Mentionnée dès le XVIe siècle dans la *Farce des deux savetiers,* la chanson paraît dans le *Recueil des plus belles chansons des comédiens français* de 1610, les *Chansons folastres* de 1612 et de 1637.

A ce noble déshérité ne restent que quelques biens pitoyables, animaux mal en point et valet coureur de jupons.

Jean de Nivelle a trois chevaux.
Deux sont par monts et par vaux
Et l'autre n'a point de selle.
Hay, hay, hay avant
Jean de Nivelle est un galant.

Jean de Nivelle a trois gros chats.
L'un prend souris, l'autre rats
L'autre mange la chandelle.

Jean de Nivelle a un valet.
S'il n'est beau il n'est pas laid
Il accoste une pucelle.
Hay, hay, hay avant
Jean de Nivelle est triomphant.

Ce fils indigne est puni à son tour dans sa descendance : fils déchus ou dégénérés ; en 1610, on chante :

Jean de Nivelle a trois enfants.
L'un est sans nez, l'autre sans dents
Et le troisième sans cervelle.
C'est bien dur pour Jean de Nivelle

et en 1612

Jean de Nivelle a trois enfants
Dont il y en a deux marchands
L'autre rince la vaisselle
Hay avant Jean de Nivelle...

A la suite d'une fausse interprétation de l'insulte « chien de... ! », Jean de Nivelle se retrouve maître d'un, parfois de trois, chiens poltrons :

Jean de Nivelle n'a qu'un chien
Il en vaut trois, on le sait bien
Mais il s'enfuit quand on l'appelle
Connaissez-vous Jean de Nivelle ?

ou :

Jean de Nivelle a trois beaux chiens
Il y a deux vauriens
L'autre fuit quand on l'appelle
Hay avant Jean de Nivelle.

Au XVIIIe siècle encore, on brocarde Jean de Nivelle, sans méchanceté. Le traître est devenu un niais, dont on raille aussi, de

façon un peu égrillarde, la faible constitution. La *Clef des chansonniers* de 1717 le présente ainsi :

Quelqu'un a dit à ma belle
Que j'étais un infidèle
Je ne le suis pas pourtant.
On m'en a dit autant d'elle
Qu'en dis-tu, Jean de Nivelle ?
Pour moi, je n'en sais pas tant.

Bonhomme aux yeux de ratine
Vous avez l'âme bien fine
D'allumer un si beau feu
Quand la force naturelle
Manque à un Jean de Nivelle
L'artifice fait son jeu.

D'autre part, une chanson du *Recueil de plusieurs chansons tant musicales que rurales,* publié en 1567, montre que le thème du personnage pittoresque, qui possède tout par trois, existait depuis longtemps dans le répertoire populaire.

Oyez par bonne façon
D'un petit homme la chanson
Et de ses faits toute la somme.
Dieu garde de mal ce petit homme !

Ce petit homme tout joli
Toujours chante et toujours rit
Et toujours baise sa mignonne.
Dieu garde de mal ce petit homme !

Ce petit homme a trois enfants
Et il n'a pas vaillant trois blancs
Et aux champs fait du gentilhomme.
Dieux garde de mal ce petit homme !

Ce petit homme a trois maisons
Pour loger trois petits cochons
Et les cochons et la cochonne
Dieu garde de mal ce petit homme

Le côté bon enfant du personnage prend définitivement le dessus lorsque Cadet Rousselle remplace Jean de Nivelle (l'air de *Cadet Rousselle* est noté dans la *Clé du caveau* au XVIIIe siècle). Celui-ci tombe dans l'oubli, Cadet Rousselle continue à vivre. Sous la Terreur Blanche, les royalistes de Provence en font leur chant de ralliement. Beaucoup plus tard, l'air de *Cadet Rousselle* sert à chanter un couplet hargneux contre Zola, qui a eu le courage de défendre le capitaine Dreyfus :

Un syndicat de trahison
Veut tirer Dreyfus de prison
Empruntant, pour salir l'armée
Et baver sur sa renommée,
La plume trempée dans l'égout
D'un être suant le dégoût.

Ah, ah, cet oiseau-là,
Cet oiseau-là, c'est toi, Zola.

Jamais *Cadet Rousselle* n'avait été utilisé de si basse façon.

Depuis longtemps maintenant, Cadet Rousselle appartient au répertoire enfantin. Mais la chanson glisse doucement dans l'oubli.

La Casquette du père Bugeaud

As-tu vu
La casquette, la casquette,
As-tu vu
La casquette du père Bugeaud?
Si tu ne l'as pas vue, la voilà
Elle est sur sa tête
Si tu ne l'as pas vue, la voilà
Y'en a pas deux comme ça.

Elle est faite
La casquette, la casquette
Elle est faite
Avec du poil de chameau.

Thomas Bugeaud de la Piconnerie naît à Limoges en 1784. Sa carrière sera celle d'un parfait serviteur de son pays : d'abord grenadier de la Garde impériale sous Napoléon Ier, il sera, sous Louis-Philippe, envoyé en Algérie, en 1836. Quatre ans plus tard, il en sera le gouverneur général. Il est fait maréchal en 1843 et, en 1848, offre ses services à la République. Un an plus tard, il meurt du choléra.

Le nom de Bugeaud est inséparable de l'histoire de la conquête de l'Algérie. C'est sous ses ordres que le duc d'Aumale, quatrième fils du roi, livre l'assaut qui viendra à bout de la résistance d'Abd-el-Kader; le clairon sonne *La Marche des zouaves* pour animer le moral des troupes.

C'est sur cet air qu'un certain Binder, qui sera plus tard chef de fanfare au 3e Bat' d'Af, compose la facétieuse chanson. Si l'on en croit un article du duc d'Aumale dans la *Revue des Deux Mondes,* il arriva que Bugeaud sortît précipitamment de sa tente au cours d'une attaque nocturne. Après un combat rapide, les ennemis sont repoussés; Bugeaud s'aperçoit alors qu'il est en bonnet de nuit et réclame sa casquette à grands cris. Désormais, *La Marche des zouaves* ne s'appelle plus, parmi les soldats, que *La Casquette.*

Ce que le « père » Bugeaud appelait sa casquette était, en fait, un shako. Cette coiffure militaire, haute et rigide, légèrement plus large en bas qu'en haut et munie d'une visière, était, à l'origine, celle des hussards. La célèbre casquette est conservée au Musée de l'Armée. Il suffit de regarder la coiffure pour comprendre qu'elle ait pu provoquer la verve hilare des soldats. Le shako du père Bugeaud est, en effet, orné d'une double visière. Le haut cylindre de la coiffure est d'une belle couleur brique, avec une zone bleu foncé au bas de la coiffe. La visière est noir bleuté. Et, c'est là l'insolite, une deuxième visière protège la nuque des rayons torrides du soleil. Bugeaud avait trouvé cette astuce pour rendre un peu plus confortable, sous le climat brûlant de l'Algérie, une coiffure qui était à l'origine celle des soldats hongrois, habitués à d'autres climats.

L'idée fit sensation. Les soldats de la Légion étrangère, suivant l'exemple du père Bugeaud, protégèrent eux aussi leur nuque... plus modestement, par un mouchoir ou une pièce d'étoffe attachée à leur coiffure.

Ah! vous dirai-je, maman

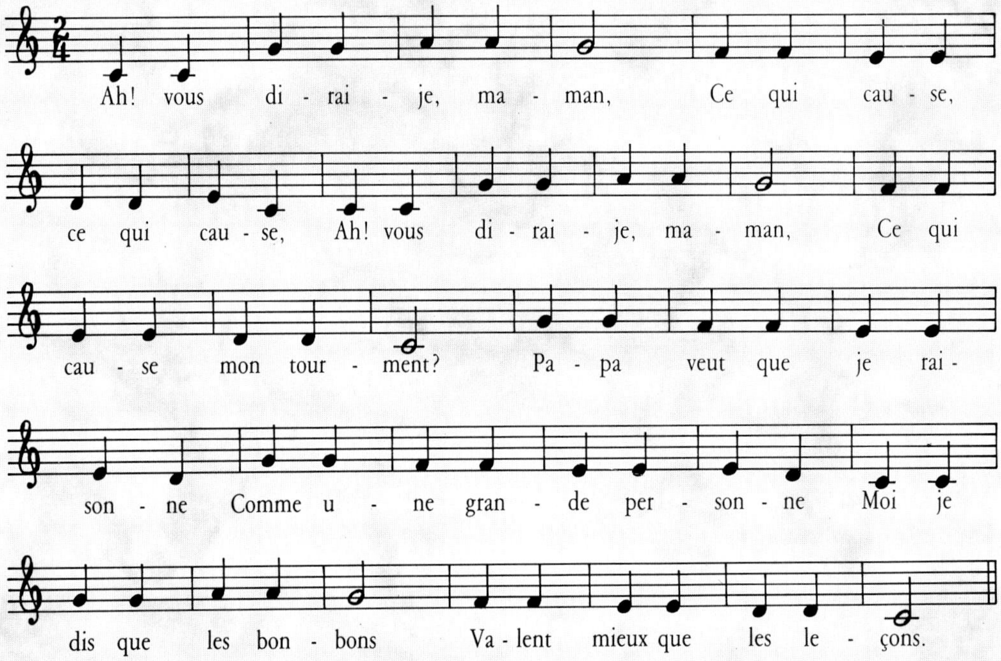

Ah! vous dirai-je, maman,
Ce qui cause, ce qui cause,
Ah! vous dirai-je, maman,
Ce qui cause mon tourment?
Papa veut que je raisonne
Comme une grande personne
ou
Il faut que j'apprenne à lire
Réciter, compter, écrire
Moi je dis que les { bonbons / chansons
Valent mieux que { les leçons. / la raison

La chanson apparaît dans les recueils enfantins à partir de la fin du XIXe siècle, lorsqu'est instituée l'école primaire obligatoire, pas toujours appréciée des jeunes élèves.

C'est la parodie pudique d'une romance du XVIIIe siècle, dont on attribue les paroles au poète Florian :

Ah! vous dirais-je, maman,
Ce qui cause mon tourment?
Depuis que j'ai vu Lysandre
Me regarder d'un air tendre,
Mon cœur dit à chaque instant :
Peut-on vivre sans amant?

Jean-Pierre Claris de Florian (1755-1794), protégé de Voltaire, puis page et enfin gentilhomme du Duc de Penthièvre, est aussi l'auteur du très célèbre *Plaisir d'amour*.

L'air est noté dans la *Clef du Caveau* sous le numéro 25, avec la mention : « musique de Rameau et Campra ». Il faisait partie du répertoire traditionnel des clavecinistes du XVIIIe siècle. Mozart le popularisa en composant pour piano des variations sur ce thème.

Sur le pont du Nord

Sur l' pont du Nord, un bal y est donné *(bis)*
Adèle demande à sa mère d'y aller
Non, non, ma fille, tu n'iras pas danser
Monte à sa chambre et se met à pleurer
Son frère arrive dans un bateau doré
Ma sœur, ma sœur, qu'as-tu donc à pleurer?
Maman n' veut pas que j'aille au bal danser
Mets ta robe blanche et ta ceinture dorée
Et nous irons tous deux au bal danser
La première danse, Adèle a bien dansé
La deuxième danse, le pont s'est écroulé
Mon frère, mon frère, me laiss'ras-tu noyer?
Non, non, ma sœur, je vais te retirer
Les cloches de Nantes se mirent à sonner
La mère demande : Qu'ont-elles à tant sonner?
C'est pour Adèle et votre fils aîné
Voilà le sort des enfants obstinés.

Une charmante enluminure du XIIIe siècle illustre les vers suivants :

C'est la jus c'on dit ès prés,
Jeu et bal i sont criés.
Emmelos i veut aler,
A sa mère en aquiert grés.
– Par Dieu, fille, vous n'irés,
Trop y a de bachelers au bal.

(C'est là-bas, dit-on, aux prés
Que jeu et bal sont annoncés.
Emmelot veut y aller,
A sa mère l'a demandé.
– Par Dieu, fille, point n'irez,
Il y a trop de cavaliers au bal.)

L'image représente la mère d'Emmelot qui essaie d'arracher sa fille à la redoutable tentation. Les bals populaires, pas toujours bien fréquentés, se tenaient dans un pré, sur une place, et souvent sur le pont de la ville, quand celle-ci en possédait un suffisamment large et solide. On raconte qu'à Utrecht, en 1277, un bal de ce genre se termina tragiquement : les danseurs n'ayant pas laissé passer le Saint Sacrement, le pont de bois céda et les profanateurs furent noyés. Une catastrophe du même genre est peut-être à l'origine du nom d'un des ponts du vieux Metz, « Le Pont des Morts ». Le sort des « danseurs maudits » inspira sans doute notre chanson.

La structure métrique (chaque vers comporte 10 syllabes séparées en 4 + 6 et se termine par l'assonance [é]), propre aux chansons de geste, ferait remonter cette chanson à une époque très ancienne, et l'évocation des « cloches de Nantes » laisse supposer une origine bretonne.

Que penser alors du rapprochement souvent fait avec la vise* danoise d'*Agnete et l'Ondin?* Dans cette légende, Agnete transgresse la défense faite par sa mère d'aller danser sur le pont. L'homme des eaux apparaît, l'enlève avec son consentement, l'emmène dans son royaume et les cloches annoncent à la mère la disparition de sa fille.

Certes, les similitudes sont troublantes, et dans beaucoup de régions, la malheureuse héroïne se nomme « Agnès ». Mais les éléments communs à la chanson et à la légende, dont la suite s'éloigne tout à fait de notre histoire, ne sont-ils pas des éléments traditionnels que l'on retrouve dans de nombreux récits et contes, tout particulièrement en Bretagne?

Quant à Agnès, elle se nomme selon les régions, Adèle, Hélène, ou encore Jeannette. Il n'est donc peut-être pas indispensable d'aller chercher en Scandinavie l'origine d'une chanson connue dans toute la France, chaque région ayant adapté le premier vers : Sur le pont de Londres » en Champagne; « Sur le pont du Nord » à Paris et en Normandie (entre autres); « Sur le pont des Morts » en Pays Messin, bien sûr, et dans toute la Lorraine; ou même tout simplement : « A la Rochelle. »

Le leçon de morale qui clôt la chanson a-t-elle été ajoutée après coup, comme on le prétend parfois? Ce n'est pas évident, car elle semble donner son sens à ce récit dramatique. Toutes les versions relevées comportent d'ailleurs cette morale, avec parfois une suite qui l'adoucit :

Ce fut Marie qui vint pour les sauver
(Suisse)

ou l'aggrave :

Ce n'est point aux danses qu'on gagne le Paradis
C'est à servir Not' Seigneur Jésus-Christ.
Allez, pauvr'âmes, En Enfer y brûler.
(Bretagne)

répond Saint-Pierre aux jeunes gens qui lui demandent asile.

La mère d'Emmelot essaie d'arracher sa fille à la redoutable tentation du bal. Enluminure du XIIIe siècle.

Le roi Renaud

Le roi Renaud de guerre revint,
Portant ses tripes en sa main.
Sa mère était sur le créneau
Qui vit venir son fils Renaud :

« Renaud, Renaud, réjouis-toi!
Ta femme est accouchée d'un roi.
– Ni de ma femme, ni de mon fils
Je ne saurais me réjouir.

Allez ma mère, allez devant;
Faites-moi faire un beau lit blanc :
Guère de temps n'y resterai,
A la minuit trépasserai.

Mais faites-le moi faire ici bas,
Que l'accouchée n'entende pas. »
Et quand ce vint sur la minuit
Le roi Renaud rendit l'esprit.

Il ne fut pas le matin jour
Que les valets pleuraient tretous;
Il ne fut temps de déjeuner
Que les servantes ont pleuré.

« Ah, dites-moi, mère m'amie,
Que pleurent nos valets ici?
– Ma fille, en baignant nos chevaux,
Ont laissé noyer le plus beau.

– Et pourquoi, mère m'amie,
Pour un cheval pleurer ainsi?
Quand le roi Renaud reviendra,
Plus beaux chevaux amènera.

Ah, dites-moi, mère m'amie,
Que pleurent nos servantes-ci?
– Ma fille, en lavant nos linceuls
Ont laissé aller le plus neuf.

– Et pourquoi, mère m'amie,
Pour un linceul pleurer ainsi?
Quand le roi Renaud reviendra,
Plus beaux linceuls achètera.

Ah, dites-moi, mère m'amie,
Qu'est-ce que j'entends cogner ainsi?
– Ma fille, ce sont les charpentiers
Qui raccommodent le plancher.

– Ah, dites-moi, mère m'amie,
Qu'est-ce que j'entends sonner ici?
– Ma fille, c'est la procession
Qui sort pour les Rogations.

– Ah, dites-moi, mère m'amie,
Que chantent les prêtres ici?
– Ma fille, c'est la procession
Qui fait le tour de la maison. »

Or, quand ce fut pour relever,
A la messe elle voulut aller;
Or, quand ce fut passé huit jours,
Elle voulut faire ses atours :

« Ah, dites-moi, mère m'amie,
Quel habit prendrai-je aujourd'hui?
– Prenez le vert, prenez le gris,
Prenez le noir pour mieux choisir.

– Ah, dites-moi, mère m'amie,
Ce que ce noir-là signifie?
– Femme qui relève d'enfant,
Le noir lui est bien plus séant. »

Mais quand elle fut emmi les champs,
Trois pastoureaux allaient disant :
« Voilà la femme de ce seignour
Que l'on enterra l'autre jour.

– Ah, dites-moi! mère m'amie,
Que disent ces pastoureaux-ici.
– Ils nous disent d'avancer le pas
Ou que la messe n'aurons pas. »

Quand elle fut dans l'église entrée,
Le cierge on lui a présenté.
Aperçut, en s'agenouillant,
La terre fraîche sous son banc;

– Ah, dites-moi, mère m'amie,
Pourquoi la terre est rafraîchie?
– Ma fille, ne vous le puis cacher,
Renaud est mort et enterré.

– Renaud, Renaud, mon réconfort,
Te voilà donc au rang des morts;
Divin Renaud, mon réconfort,
Te voilà donc au rang des morts!

Puisque le roi Renaud est mort,
Voici les clefs de mon trésor;
Prenez mes bagues et mes joyaux,
Nourrissez bien le fils Renaud.

Terre, ouvre-toi, terre, fends-toi,
Que j'aille avec Renaud mon roi! »
Terre s'ouvrit, terre fendit,
Et si fut la belle engloutie.

La *Complainte du roi Renaud,* qui ne comporte pas moins de vingt-deux couplets, est imprimée en 1837. Elle suscite un véritable engouement : le goût est encore marqué pour une chevalerie médiévale héroïque, un peu conventionnelle, mise à la mode par les romans de Walter Scott. Nerval lui consacre quelques lignes dans la revue *La Sylphide* en 1842 ; les revues folkloriques la publient et la commentent, révélant ainsi l'existence en France d'une soixantaine de versions orales de la chanson.

Dans une version du Sud de la Bretagne, le drame est précédé d'un long préambule.

Le comte Redor s'en va chasser
Dans la forêt de Guéméné.
En son chemin a rencontré
La mort qui lui a parlé :

« Veux-tu dès aujourd'hui mourir
Ou être sept ans à languir?
– J'aime mieux aujourd'hui mourir
Que d'être sept ans à languir. »

Et s'en allant sur le pré
Sa bonne mère a rencontré :
« Oh! réjouis-toi, mon fils Louis,
Ta femme est accouchée d'un fils »...

Le dialogue initial avec la mort maléfique, le thème de la chasse et non de la guerre, se rattachent à un gwerz* du XVIe siècle, *Le comte Nann :* Nann part chasser le lièvre pour régaler sa jeune femme qui vient d'accoucher. Il rencontre une fée; elle décide de l'épouser, il refuse. La fée va le punir : s'il refuse une nouvelle fois, soit il mourra dans les trois jours, soit il languira de maladie sept ans durant. Nann choisit la mort rapide, afin de moins éprouver sa jeune épouse. Rentré chez lui, il fait préparer son lit, se couche et meurt après avoir confié son fils à sa belle-mère.

Il faut chercher l'origine du gwerz dans une légende scandinave, celle du chevalier Olav, dont il n'existe pas moins de soixante-neuf versions. Une vise* danoise du XVIe siècle raconte ceci : c'est l'aube; Olav, sur son cheval, se rend chez sa fiancée pour célébrer ses noces. Il surprend la danse des Elfes. Par fidélité à sa fiancée, il refuse de danser avec la fille du roi des Elfes. Celle-ci lui a proposé, tour à tour, des bottes, une chemise de soie, un casque en or. Devant son refus obstiné, elle le somme de choisir : ou il mourra le jour suivant, ou il sera malade sept ans durant. Il a choisi la mort; de retour chez son père, il expire. Au matin des noces, la fiancée s'inquiète :

« Pour qui sonnent ces cloches?
– C'est pour ton mariage. »

Et elle s'alarme en voyant pleurer les femmes :

« Où est Olav? – Avec ses chevaux.
– Les préfère-t-il donc à moi?
– Il est mort. »

Elle expire sur le corps de son bien-aimé. La mère d'Olav meurt aussi.

A la différence de la version bretonne citée plus haut, qui est très proche du gwerz, les autres versions françaises de la triste histoire du roi Renaud n'ont pas retenu la première partie du drame, celle de la rencontre maléfique. La chanson commence au retour du roi et à sa mort imminente :

Quand Jean-Renaud de guerre revint

ou

Le roi Renaud de guerre revient

ou, comme en Limousin :
Quand Ernaud de guerre arriva.

Elle conte essentiellement la découverte dramatique, par la jeune femme, de la mort de son époux. Notre folklore rejoint alors la vise danoise :

« Ah! dites-moi ma mère m'amie
Que pleurent les servantes ici?
– Ma fille, en lavant nos linceuls
(draps)
Ont laissé aller le plus neuf...

– Ah! dites-moi ma mère m'amie
Qu'est-ce que j'entends sonner ici?
– Ma fille, c'est la procession
Qui fait le tour de la maison. »

Selon les versions, le dialogue entre les deux femmes peut occuper de six à quinze couplets.

« Qu'est-ce que j'entends cogner ainsi?
– Ma fille, c'est le charpentier
Qui raccommode le plancher...

Qu'est-ce que j'entends pleurer ainsi?
– Ma fille, c'est le cheval gris
Qui s'étrangle dans l'écurie »

A bout de subterfuges, la mère avoue, et la chanson finit aussi tragiquement qu'elle commence : la jeune femme rejoint

son époux dans la tombe ; parfois l'enfant est confié à la mère de Renaud ; plus souvent, il est, lui aussi, entraîné dans sa mort.

« Ma mère dites aux fossoyeurs
Qu'ils creusent la tombe pour deux
Et qu'ils fassent le trou assez grand
Pour qu'on y mette aussi l'enfant. »

ou

Elle a pleuré quarante jours
Sur le tombeau du roi Renaud
Et après les quarante jours
Elle est allée dans un couvent.

Une version, populaire dans le Vivarais, déconcerte par sa platitude :

« Ouvrez tombeaux, fendez rochers
A mon mari je veux parler.
– Retire-toi, femme, d'ici »
Dit une voix de terre sortie.
« J'entends la voix de mon mari
Faut qu'il soit de suite obéi. »
Elle s'en fut à la maison
Elle y vécut un temps fort long.

En Espagne, en Italie, la triste histoire du roi mort le jour où lui naît un fils a inspiré quelques chansons. Le roi ne s'appelle plus Renaud, mais Joan, Ramon ou Pedro en Espagne, Anzolin à Venise et Carlin dans le Montferrat :

Ra soi mamma ant u giardin
R'aspiciava lo re Carlin
– Alegr, alegr, o re Carlin
Ra vostra dona r'ha in fantulin...

(Sa mère était au jardin
Elle attendait le roi Carlin
– Réjouis-toi, réjouis-toi ô roi Carlin,
Ton épouse a un petit enfant...)

La pêche aux moules

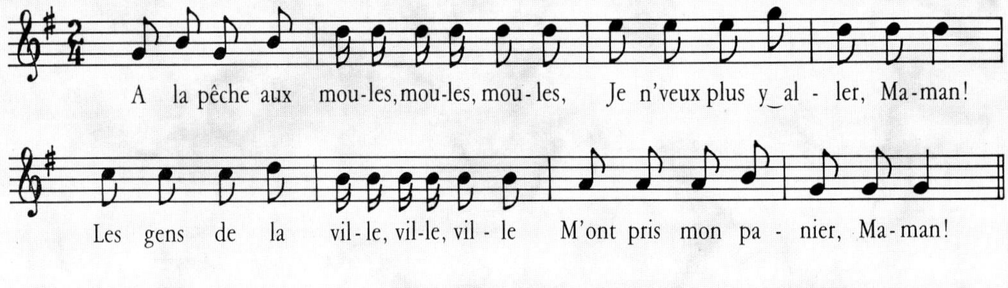

A la pêche aux moules, moules, moules,
Je n'veux plus y aller, Maman!
Les gens de la ville, ville, ville,
M'ont pris mon panier, maman!

Il semble qu'un branle* saintongeais, *Aux abords de Marennes,* soit à l'origine de notre chanson :

Aux abords de Marennes
J'ai perdu mes bas, ma mère !
Aux abords de Marennes
J'ai perdu mes bas.

Et mes jarretières étout,
J'ai tout quitté là-bas, ma mère !

A un beau clair de lune,
J'ai perdu mes gants, ma mère !

Les garçons de Marennes
Font de beaux compliments, ma mère !

Et des serments étout
Que j'n'aurais pas dû croire, ma mère !

Ce branle au rythme lent et grave, recueilli par écrit en 1854, aurait été déformé pour devenir un « grand bal », danse légère et rapide, très populaire en Saintonge où l'on chante encore aujourd'hui :

A la pêche des moules,
Je ne veux plus y aller, maman !
A la pêche des moules,
Je ne veux plus y aller.

Les garçons de Marennes
Me prennent mon panier, maman ! (bis)

Quand in' fois ils vous tiennent
Sont-ils de bons enfants ? (bis)

Ils vous font des caresses
Des p'tits compliments, maman (bis)

Par leur charme et leur pouvoir de séduction – on pense à Don Juan sur la plage, entouré de Charlotte et Mathurine qui se le disputent – « les gens de la ville » ont sant doute paru plus dangereux que « les garçons de Marennes ». Ils ont pris leur place dans la chanson, qui perdait ainsi une partie de son caractère régional.

Le chevalier du guet

Qu'est-ce qui passe ici si tard,
Compagnons de la marjolaine?
Qu'est-ce qui passe ici si tard,
Gai, gai, dessus le quai?

C'est le chevalier du guet,
Compagnons de la marjolaine,
C'est le chevalier du guet,
Gai, gai, dessus le quai.

Que demande le chevalier,
Compagnons de la marjolaine...

Une fille à marier,
Compagnons de la marjolaine...

N'y a pas d'fille à marier,
Compagnons de la marjolaine...

On m'a dit qu'vous en aviez,
Compagnons de la marjolaine..

Ceux qui l'ont dit s'sont trompés,
Compagnons de la marjolaine...

Je veux que vous m'en donniez,
Compagnons de la marjolaine...

Sur les onze heur's repassez,
Compagnons de la marjolaine...

Les onze heur's sont bien passées,
Compagnons de la marjolaine.

Sur les minuit revenez,
Compagnons de la marjolaine...

Voilà les minuit sonnés,
Compagnons de la marjolaine...

LE CHEVALIER
DU
GUET

Dès le VIe siècle, un guet veillait à la sûreté des rues de Paris pendant la nuit. Le moins prestigieux était le guet civil, constitué d'un groupe d'habitants de chaque quartier : chaque corps de métier était tenu d'assurer un service de guet une fois toutes les trois semaines ; le mari dont la femme était en couches en était exempté.

L'autre guet, celui qu'évoque la chanson, était un guet militaire : soixante sergents, vingt à cheval et quarante à pied, commandés par le chevalier du guet. Ce sont les ancêtres de nos gendarmes.

Le chevalier du guet jouissait de grandes prérogatives : à n'importe quelle heure du jour et de la nuit, il pouvait demander à être reçu par le roi, de qui il prenait directement ses ordres.

Lors de l'entrée de Charles IX à Paris, on le vit défiler « armé d'une riche cuirasse et portant par-dessus une casaque de velours cramoisi, chamarrée de cordons d'argent, entouré de ses pages et de ses laquais ».

S'il est « chevalier du guet », il est surtout, aux yeux des belles, « compagnon de la marjolaine », c'est-à-dire un grand séducteur : dans les chansons, la marjolaine, autre nom de l'origan, est traditionnellement associée aux préludes de l'amour, tout comme la rose et le muguet :

Ma fille veux-tu un bouquet
De marjolaine ou de muguet ?
– Non non non ma mère non
Ce n'est point là ma maladie.
– Ma fille veux-tu un mari
Qui soit bien fait, qui soit joli ?
– Oui, oui, oui, ma mère, oui
C'est bien là ma maladie.

chante une brunette* du XVIIIe siècle.

Dans les années cinquante de notre siècle, Francis Lemarque honore encore la marjolaine, qui devient, dans une de ses chansons, le prénom de la jeune fille aimée.

Marjolaine, toi si jolie
Marjolaine, le printemps fleurit.
Marjolaine, j'étais soldat
Mais aujourd'hui, je reviens près de toi.

Le Petit Navire

Refrain
Ohé ohé matelot
Matelot navigue sur les flots } *(bis)*

Il était un petit navire *(bis)*
Qui n'avait ja ja jamais navigué. *(bis)*

Il entreprit un long voyage *(bis)*
Sur la mer Mé-Mé-Méditerranée. *(bis)*

Au bout de cinq à six semaines
Les vivres vin-vin-vinrent à manquer.

On tira-z-à la courte paille
Pour savoir qui qui qui serait mangé.

Le sort tomba sur le plus jeune
Le pauvre mousse mousse mousse sera mangé.

Il est monté sur la grand' hune
Ne voit que l'eau l'eau l'eau de tous côtés.

Ô Sainte Vierge ma patronne
Empêchez-les les les de me manger.

Du haut du ciel sur le navire
On voit de gros gros gros poissons tomber.

On fit chercher la poêle à frire
Le petit mousse mousse mousse sera sauvé.

Cette chanson amuse beaucoup les enfants; s'ils ont eu peur, c'était « pour rire ». Qui prendrait au sérieux les aventures d'un bateau qui n'a « ja-ja-jamais navigué... »?

L'histoire du *Petit Navire* se rattache pourtant à la légende du vaisseau fantôme, mystérieusement condamné à ne jamais accoster. Une chanson islandaise du XVIIe siècle conte l'aventure tragique d'un équipage affamé, réduit au cannibalisme :

C'est le plaisir des marchands
De hisser les voiles au mât
De partir là où ils étaient
De naviguer sur la mer
Bien qu'elle les asperge.

Ils étaient dans le port
Depuis quarante jours
Ils y restèrent si longtemps
Que la faim gagna l'équipage.

Ils mangèrent les cordes
Et brûlèrent le mât
Ils mangèrent leurs gants
Et leurs bons habits.

Ils étaient fils de sept sœurs
Ils étaient de la même famille.
Maintenant il faut tirer au sort
Lequel nous devons manger.

S'avança un second
Il n'avait pas de parents :
« Vous ne devez pas tirer au sort
Vous pouvez m'avoir à manger.

Prenez ma petite chemise
Roulez-la autour de mes yeux. »
Ils le prirent par ses cheveux jaunes
Ils le décapitèrent.

Ils prirent le foie et les poumons
Les portèrent devant le jeune roi.
« Je ne veux pas manger de lui
Il a été mon second. »

Il regarda en l'air :
« Dieu des Cieux, bénis-moi.
J'ai vu voler un petit oiseau
C'est une belle colombe.

Donnez-moi mes flèches et mon arc
J'attraperai l'oiseau.
– Bon chevalier, ne me prends pas
Je te donnerai un vent favorable. »

Une version danoise de la même époque met en scène, non plus des cousins, mais des frères :

Il y avait un roi de Babylone
Vingt-quatre fils il avait.
...
Ils naviguèrent sur l'eau bleue
Ils arrivent sous un rocher et y restent.

Ils se couchèrent sur le pont en pleurant
Ils n'avaient rien à manger.

Le second s'offre en sacrifice, l'aventure tragique se poursuit et se conclut de la même façon que dans la chanson islandaise.

Les marins scandinaves ont appris la chanson à leurs camarades de l'Europe entière. On chante la mésaventure du *Petit Navire* jusqu'en Catalogne et au Portugal.

En France, la chanson du *Petit Navire,* dite aussi de la *Courte paille,* est publiée dans les revues de folklore du XIXe siècle. On la trouve aussi bien dans *l'Histoire du Béarn* de M. Mazure en 1839, que dans les *Chants populaires de la Provence* de Damase Arbaud en 1861. Il n'existe pas moins de vingt-cinq variantes de l'histoire.

Ces variantes peuvent se réduire à deux grandes tendances, qui se dessinent dans l'évolution de la chanson lorsqu'elle se popularise au siècle dernier. La première garde un ton sérieux : la tragédie ne sera évitée que de justesse lorsque le petit mousse, grimpé au mât, aperçoit la terre à l'horizon... tout finit par une idylle. Voici ce que l'on chantait encore en 1906, en Nivernais, d'après la *Littérature orale et traditions du Nivernais* d'Achille Millien :

C'est un petit navire d'Espagne
Mais que la France a protégé.
A bien marché sept ans sur mer
Mais sans avoir pu aborder.

Au bout de la septième année
Le pain, le vin viennent à manquer.
Il faut tirer la courte paille
Lequel de nous sera mangé.

Le capitaine a fait les pailles
La plus courte lui est restée.
Faut donc manger notre capitaine
Qui si bien sut nous protéger.

« Celui qui montera à la hune
Un beau cadeau je lui ferai.
Je lui donnerai ma fille en mariage,
Le beau navire qui est sous nos pieds. »

C'est le plus jeune de l'équipage
C'est le plus jeune qui est monté.
« Courage, courage, mes camarades,
Je vois la terre de tous côtés.

Je vois les moutons dans la plaine
De belles bergères qui les gardont
Je vois la tour de Babylone
Des pigeons blancs qui voltigeont.

Je vois la fille du capitaine
Dessous un oranger fleuri.
Je vois la fille du capitaine
Qui nous regarde et nous sourit. »

En 1841, l'*Écho de Morlaix* publiait la traduction d'une très longue chanson bretonne, tragique, dont nous donnons ici les passages essentiels :

Ils naviguaient sur la mer profonde
Quand le bétail leur a manqué.
Le capitaine dit aux mariniers :
« Cuisinier, mets la broche au feu
Que le page soit servi à souper ce soir. »
Les mariniers disaient au capitaine :

« Il ne sera pas fait ainsi.
On doit tirer à la courte paille.
Celui qui sera désigné par le sort mourra. »
Le capitaine dit au page :
« Page, petit page, tu es prompt et diligent.
Monte vite au haut des mâts, pour voir où nous sommes.»
...

« J'ai vu... trois navires espagnols
Avec leurs voiles rouges comme le sang
Présage de guerre et de combat.
...

Courage, courage, matelots!
J'ai vu la tour de Bréhat
Et la procession autour du cimetière. »
...

Il eût été un cœur de pierre, celui qui se fût trouvé alors à Bréhat et n'eût point gémi
En voyant trente-trois matelots aller ensemble sous le pont.
Les uns demandaient du pain, d'autres un prêtre.
D'autres regardaient l'eau et priaient
Dieu de les secourir.

Le recteur de Bréhat...
A donné l'extrême-onction à dix-huit personnes
Sans ôter l'étole de son cou.
Au dix-neuvième, son cœur a failli
Voyant la détresse des mariniers.

Contrastant avec ces versions sérieuses et mélancoliques, apparaît au milieu du XIXe siècle une version parodique : on joue au théâtre du Vaudeville, en août 1852, une comédie-vaudeville en un acte, *Méridien*.

Méridien est un pêcheur un peu benêt; ses compagnons s'appellent Goudron et Cabestan. A la fin du banquet qui fête son retour au pays, Méridien entonne la chanson des *Étoiles*, sur un poème de Théophile Gautier, dont voici le début :

Sur l'eau bleue et profonde
Nous allons voyageant,
Environnant le monde
D'un sillage d'argent.

Les convives trouvent le couplet fort ennuyeux :

DUGOUDRON : – Ah ! c'est bien !... mais c'est pas assez... c'est pas assez bacchanale !
MÉRIDIEN : – Ah ! tu veux de la bacchanale, toi !... Eh bien, attention ! en v'là une à mourir de rire... bouchez-vous les oreilles... v'là le charivari qui commence !

Il était un petit navire (bis)
Dessus la mer s'en est-z-allé.
(bis en chœur)
Mais au bout de quelques jours (bis)
Le pain le vin leur-z-a manqué.
(bis en chœur)
Ont tiré-z-à la courte paille (bis)
Savoir qui qui sera mangé.
(bis en chœur)
Le plus jeune qu'a fait les pailles (bis)
La plus courte lui est tombée.
(bis en chœur)
S'est écrié : « Ô Vierge Mère ! (bis)
Sera donc moi qui sera mangé ! »
(bis en chœur)

L'air, dit *Souvenir maritime,* harmonisé par Montaubry, est l'air sur lequel nous chantons encore la mésaventure du *Petit Navire.* De façon grotesque, la chanson du vaudeville* continuait ainsi :

Au lieu d' manger un brav' garçon,
Nous allons manger de gros poissons!
De bœuf et d' la gibelotte
Des navets, des carottes
Du canard, du dindon
Le tout en marmelade
Avec de la salade.
En avant l' rigodon!
Sabbat et bacchanal!
Branle-bas général!

L'aventure horrible a décidément tourné à la caricature. Une version bretonne, notée dans *Mélusine* en 1878, conclut :

... *A la sauce piquante il fut mangé.*

L'écrivain anglais Thackeray publia une version triviale, de son crû, reprise en septembre 1888 par le revue américaine *The Bookmart* sous le titre *Little Billee :*

There was gorging Jack and guzzling Timmee
And the third he were the little Billee.

But they hard not scarcely got to the Equator
When they'd not got left not one split pea...

(Il y avait Jacques le bafreur et Jimmy le pochard
Le troisième c'était le petit Billee.

Mais ils atteignaient à peine l'Équateur
Qu'il leur restait même plus une épluchure...)

IMAGERIE PELLERIN
LE PETIT NAVIRE
IMAGERIE D'ÉPINAL, N° 3161
Il é-tait un pe-tit na-vi-re, Il é-tait un pe-tit na-vi-re, Qui n'a-vait ja ja ja-mais na-vi-gué, Qui n'a-vait ja ja ja-mais na-vi-gué. Au bout de......
Il était un petit navire,
Il était un petit navire,
Qui n'avait ja-ja-jamais navigué,
Qui n'avait ja-ja-jamais navigué.
Au bout de cinq à six semaines,
Au bout de cinq à six semaines,
Les vivres vin-vin-vinrent à manquer.
Les vivres vin-vin-vinrent à manquer.
On tira z'à la courte paille,
On tira z'à la courte paille,
Pour savoir qui qui qui serait mangé,
Pour savoir qui qui qui serait mangé.
A qui faisait tirer les pailles,
A qui faisait tirer les pailles,
La plus courte-te-te juste est resté',
La plus courte-te-te juste est resté'.
Et comm' c'était le capitaine,
Et comm' c'était le capitaine,
Le mousse-se-se se mit à pleurer,
Le mousse-se-se se mit à pleurer.
Puis il dit : « Ça me fendrait l'âme,
Puis il dit : « Ça me fendrait l'âme,
Et j'aime mieux mieux mieux le remplacer,
Et j'aime mieux mieux mieux le remplacer.
J'vas seul'ment grimper dans la hune,
J'vas seul'ment grimper dans la hune,
Pour voir si rien rien rien je ne verrai,
Pour voir si rien rien rien je ne verrai.
Si je n'vois rien, alors bernique!
Si je n'vois rien, alors bernique!
Pour lui le sort sort sort je subirai,
Pour lui le sort sort sort je subirai. »
Une fois juché dans la hune,
Une fois juché dans la hune,
Et regardant-dant-dant de tous côtés,
Et regardant-dant-dant de tous côtés :
« Je vois la brise qui se lève,
Je vois la brise qui se lève,
Et la mer sur sur sur brisants briser,
Et la mer sur sur sur brisants briser.
Et puis encor, c'est pas un rêve,
Et puis encor, c'est pas un rêve,
Au loin je vois vois vois un grand rocher,
Au loin je vois vois vois un grand rocher.
Enfin là-bas toute une grève,
Enfin là-bas toute une grève :
...Terre!... Vivat-vat-vat, on est sauvés,
...Terre!... Vivat-vat-vat, on est sauvés.
Et maintenant apparaît même
Et maintenant apparaît même
La girouette-ette-ette d'un clocher,
La girouette-ette-ette d'un clocher.
Je vois la flèche de l'église,
Je vois la flèche de l'église,
Et les cloches-ches-ches qu'on fait danser,
Et les cloches-ches-ches qu'on fait danser. »
N's'agissait plus du sacrifice,
N's'agissait plus du sacrifice,
Tout l'monde alors-lors-lors de s'embrasser,
Tout l'monde alors-lors-lors de s'embrasser.

Les Petites Marionnettes

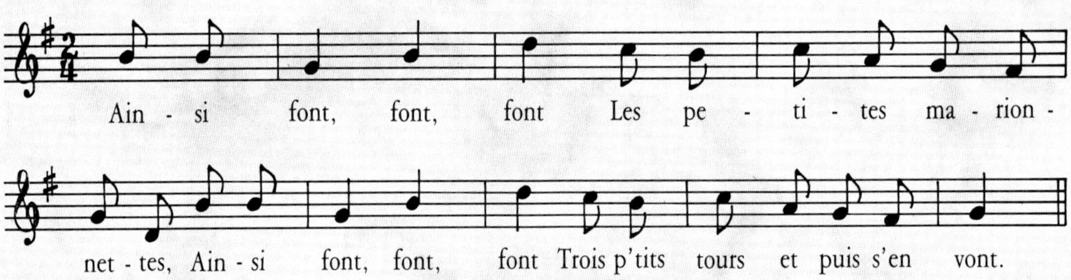

Ainsi font, font, font
Les petites marionnettes
Ainsi font, font, font
Trois p'tits tours et puis s'en vont.

Mais elles reviendront
Les petites marionnettes
Mais elles reviendront
Car les enfants grandiront.

Puis elles danseront
Les petites marionnettes
Puis elles danseront
Et les enfants chanteront.

Quand elles partiront
Les petites marionnettes
Quand elles partiront
Tous les enfants dormiront.

Si les premiers airs qui éveillent nos enfants à la musique sont des berceuses, c'est bien souvent avec *Les Petites Marionnettes* que commence leur apprentissage gestuel : avant de savoir parler, ils miment avec sérieux cette chanson, dont ils essaient de suivre le rythme.

On ne sait à quand remonte cette ronde enfantine sous sa forme actuelle. La popularité des marionnettes en France commença vers la fin du XVIe siècle, mais la chanson semble plus récente.

Deux chansons du XVe siècle, cependant, ont un refrain dont le rythme et les paroles offrent une ressemblance frappante avec nos *Petites Marionnettes.* La première, qui figure dans un manuscrit du XVe siècle, a été reprise par Attaignant dans son recueil de *36 chansons musicales* en 1529 :

Je m'en vois
Au vert bois
Ouir chanter l'oysillon.
Mesdisans
Vont disans
Que g'y vois pour Marion.

Or y vont, vont, vont,
Pastoureaux et pastorelles
Et y font, font, font
Ung touret et puis s'en vont.

La seconde se trouve dans les *Chansons du XVe siècle,* publiées en 1875 par Gaston Paris et Auguste Gevaert :

Della la rivière sont
Les troys gentes damoiselles
Della la rivière sont,
Font un sault et puys s'en vont.

Je perdy assoir icy (bis)
Le bonnet de mon amy (bis)
Et vous l'avez
Et vous mentez.
Et qui l'a donc ?
Nous ne savons.

Della la rivière sont...

L'initiation au rythme et à la cadence de nos douces têtes blondes – et brunes – perpétuerait-elle donc une bien vieille tradition ?

Mais, après tout, n'est-ce pas le propre de toute initiation ?

La Bonne Aventure ô gué

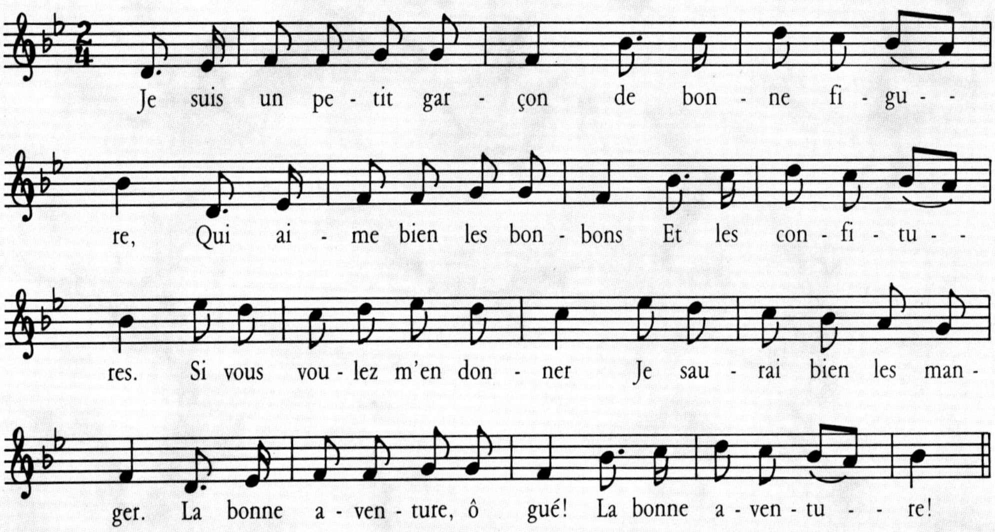

Je suis un petit garçon
De bonne figure
Qui aime bien les bonbons
Et les confitures.
Si vous voulez m'en donner
Je saurai bien les manger.
La bonne aventure, ô gué!
La bonne aventure!

Le rythme de cette chanson est ancien et avait déjà été utilisé par Thibaut de Champagne au XIIIe siècle. La musique a parfois été attribuée à Eustache de Caurroy, maître de la chapelle royale sous Henri IV. Un air intitulé *Bonne Aventure,* composé par Gilliers sert de vaudeville* à la pièce de Dancourt, *Les Trois Cousines,* jouée en 1700, et un autre, nommé *Si le Roy...,* est noté en 1712 par Christophe Ballard dans ses *Mille et un airs.* Mais c'est d'une chanson à boire, *Dedans mon petit réduit,* publiée par Ballard en 1719 dans son *Recueil d'airs sérieux et à boire* qu'est issu l'air actuel, qui serait de Ponteau.

L'air s'est fixé peu à peu, et son rythme ancien a inspiré bon nombre de chansons. On peut mettre en parallèle la chanson enfantine, qui garde un aspect désuet, et cette « Chanson Folastre » extraite du recueil des Comédiens Français :

Je suis un joly garçon
Petit clergeon de pratique
Qui entend bien la façon
Au gaillard jeu vénérique
Je me lève du matin
Pour avaller le bon vin
Et ne souhaite rien de plus
Que d'avoir bien des escus

(Bellone, 1612.)

Ou encore le couplet dont Alceste dans *Le Misanthrope,* loue le charme vieillot :

Si le Roi m'avait donné
Paris, sa grand'ville
Et qu'il me fallût quitter
L'amour de ma mie
Je dirais au roi Henri :
Reprenez votre Paris
J'aime mieux ma mie, au gué!
J'aime mieux ma mie.

La rime n'est pas riche, et le style en est vieux;
Mais ne voyez-vous pas que cela vaut bien mieux
Que ces colifichets, dont le bon sens murmure,
Et que la passion parle là toute pure?

Ce jugement n'est certes pas étranger à la grande popularité de la chanson. Antoine de Bourbon, roi de Navarre et père d'Henri IV, en aurait composé les paroles en son château de Bonne-Aventure, près du village du Gué-du-Loir, dans les environs de Vendôme. S'il en est ainsi, le refrain *La bonne aventure au gué* serait antérieur à celui que nous propose Molière, devenu lui-même le « ô gué », puis le « ô gai » de plus d'une chanson.

Et l'on trouve, au XVIIIe siècle, une chanson badine, *L'on dit que j'aime Fanchon,* composée sur le même air.

Toi qui languis nuit et jour
Pauvre amour fidèle
Filant le parfait amour
Auprès d'une belle
Cherche une grosse dondon
Baise-la et prends son...
Qu'on se réjouisse icy
Qu'on se réjouisse.

Fervent admirateur de la chanson dont Alceste louait la beauté simple, Hugo écrit dans *Les Contemplations :*

Thérèse, la duchesse à qui je donnerais
Si j'étais roi, Paris, si j'étais Dieu, le monde.

Enfin, sur ce rythme, il composa une *Nouvelle chanson sur un vieil air,* qui sera mise en musique par Camille Saint-Saëns en 1915, et qui se termine ainsi :

S'il est un rêve d'amour
Parfumé de rose,
Où l'on trouve chaque jour
Quelque douce chose,
Un rêve que Dieu bénit
Où l'âme à Jésus s'unit,
Oh! j'en veux faire le nid
Où ton cœur repose!

Compère Guilleri

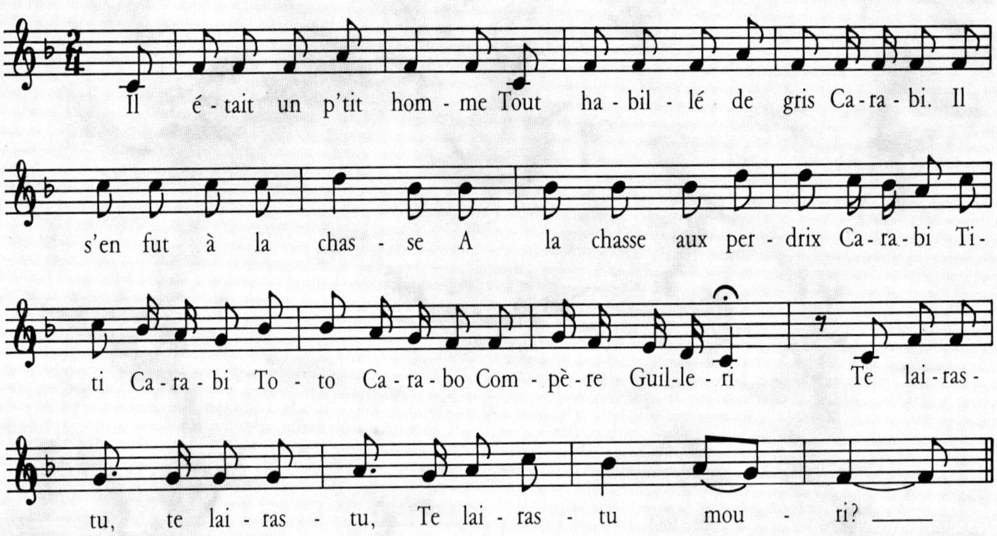

Il était un p'tit homme
Tout habillé de gris
Carabi.
Il s'en fut à la chasse
A la chasse aux perdrix
Carabi
Titi Carabi
Toto Carabo
Compère Guilleri
Te lairas-tu, te lairas-tu
Te lairas-tu mouri?

Il monta sur un arbre
Pour voir ses chiens couri
La branche vint à rompre
Et Carabi tombit.

Il se cassa la jambe
Et le bras se démit.
Les dames de l'Hôpital
Sont arrivées au bruit.

L'une apporte un emplâtre
L'autre de la charpie.
La plus vieille le gronde
La jeune lui sourit.

On lui banda la jambe
Et le bras lui remit.
Pour remercier ces dames
Guilleri les embrassit.

La tradition veut que le héros de la chanson soit le fameux brigand Philippe Guillery. Originaire du Bas-Poitou, il revint en 1601 dans son pays natal, après avoir glorieusement servi le roi Henri IV, et s'établit chef de bande dans la forêt des Essarts, où se dresse encore son château. Secondé par ses deux frères, Mathurin et Guillaume, et par 500 audacieux bandits, il semait la terreur dans toute la région. En 1608, pour venir à bout de cette troupe redoutable, Henri IV dut envoyer une véritable armée. Mathurin fut tué ; Philippe, fait prisonnier, subit le supplice de la roue ; Guillaume, qui avait réussi à s'enfuir, fut pris et pendu l'année suivante.

Mais la tradition peut se tromper, et il est aujourd'hui établi que la chanson existait bel et bien dès 1574, avant même la naissance de notre brigand. Il y est fait allusion dans une plaquette anonyme publiée à cette date et intitulée : *Le vrai pourtraict des Hugenots.* « Comme Guallery », y est-il dit, « ils se romperont la jambe, sy mieulx n'aiment loyal ». Ce n'est donc pas dans l'histoire, mais dans la légende qu'il faut chercher l'origine de Guillery/Gallery. Or celle-ci nous fournit une piste intéressante. Une chanson, que psalmodient sur un air lent et mélancolique les jeunes Poitevines, évoque ainsi *La Chasse Gallery :*

Gallery, torne, torne
Emporté pre son sort
Aqueni, triste et morne
Gle demonde la mort
Ontondez-ve la sarabande ?
O l'est la Chasse-Gallery.

Gallery, tourne, tourne
Emporté par son destin
Épuisé, triste et morne
Il demande la mort
Entendez-vous la sarabande ?
C'est la Chasse-Gallery.

Gallery, gentilhomme puissant et sans pitié, passait son temps à chasser, au mépris des récoltes des pauvres paysans, sans respect pour le Jour du Seigneur. Alors qu'il poursuivait un cerf au lieu de se rendre à la messe dominicale, l'animal trouva refuge auprès d'un pieux ermite. Gallery provoqua le saint homme, qui lui répondit : « Va, Gallery, va, et poursuis le cerf. Dieu, que tu as offensé, te condamne à chasser éternellement du coucher du soleil à son lever. » Ainsi voué à une chasse sans fin, suivi d'une troupe infernale, le gentilhomme menace le voyageur attardé qu'il saisit et contraint à chevaucher le cheval Malet. Ce cheval, métamorphosé en horrible loup-garou, conduit aux Enfers le malheureux voyageur, dont on retrouve à l'aube le cadavre mutilé, auquel personne n'ose toucher et qu'on laisse en pâture aux loups. « C'est la Chasse-Gallery qui passe », disent encore les paysans lorsqu'ils entendent dans la nuit des bruits effrayants.

De cette sombre légende, ne se retrouvent dans la chanson que deux éléments : la chasse et la jambe rompue.

Dans ses *Chansons et Rondes enfantines* (1845), du Mersan imagine le dialogue suivant entre une mère et sa fille :

ÉMILIE : – Maman, qu'est-ce que c'était que le compère Guillery ? a-t-il existé ? a-t-il été à la chasse aux perdrix ?

Après avoir parlé à l'enfant des trois brigands du Poitou, Madame du Plancy lui donne l'explication suivante :

– La chanson n'a sûrement pas été faite sur ces Guilleris-là. Le compère Guillery était probablement un chasseur, à qui on a donné ce nom qui annonce la gaieté. On appelle Guillery le chant d'un moineau qui est fort réjouissant.

ÉMILIE : – Mais que signifie Carabi, Carabo, Carabas ?

Mme DE PLANCY : – Pas autre chose que ron, ron, ron, et patapon. C'est un refrain assez gai. On appelle quelquefois un petit chien, Carabi, et dans le conte du Chat botté, tu dois te souvenir du marquis de Carabas. Il y a des noms qui font rire, parce qu'ils semblent drôles, et qui deviennent populaires.

En effet, des mots comme Carabi, Carabo ou Guillery ont certainement contribué au succès de la chanson. Un « carabo » désigne, en espagnol, une espèce de chien de chasse et, outre le nom propre, un « guillery » est une longue gaule qui sert d'appât aux oiseaux et les trompe ; d'où le proverbe : « Tel croit guiller Guillot que Guillot guille », c'est-à-dire « A malin, malin et demi. » C'est aussi ce qui sert d'appât aux dames et qu'évoque plaisamment une chanson du célèbre acteur chansonnier Gaultier-Garguille, datée de 1631 :

Je perdis au soir icy
Le plus joly guillery
Je le mis dans une cage
Qui avait le cul percé
Obligez moy de le rendre
Mesdames, si vous l'avez.

L'air de « Toto Carabo » est ancien. On en trouve le timbre dans une chanson du Théâtre de la Foire dès 1721 et il a été utilisé par Nicolo en 1810 dans son opéra-comique *Cendrillon.*

Compère Guillery a servi de canevas pour une chanson satirique composée contre Napoléon :

Il était un p'tit homme
Qu'on appelait le Grand
En partant ;
Mais vous allez voir comme
Il est resté petit
Dans Paris

Refrain
Gai, gai, mes amis
Chantons le renom
Du grand Napoléon !
C'est le héros (ter)
Des petites maisons (l'asile des fous)

Courant à perdre haleine
Il crut prendre à Moscou
Le Pérou
Mais ce grand capitaine
N'y trouva, ventre bleu
Que du feu

A la volette

Mon petit oiseau
A pris sa volée } *(bis)*
A pris sa
A la volette } *(bis)*
A pris sa volée

Il s'est appuyé
Sur un oranger } *(bis)*
Sur un o
A la volette } *(bis)*
Sur un oranger

La branche a cassé
L'oiseau t'a tombé

Il s'est cassé l'aile
Et tordu le pied

Mon petit oiseau
Veux-tu te soigner?

Je veux me soigner
Et me marier.

Cette ronde enfantine présente d'étranges ressemblances avec *Compère Guilleri,* mais il est difficile de dire quelle chanson a précédé l'autre, puisque dès 1575, on trouve les paroles suivantes :

Au jardin de mon père
Un oiseau y a
Qui de jour en jour
Il s'en volera
Ce que mon cœur pense
Je ne le dis pas

Il a pris sa volée
Au vert bois s'en va

Sur une branche sèche
L'oiseau s'assisa

La branche ne fut pas forte
L'oyseau y tomba

La terre fut bien dure
L'oyseau se blessa

La douce alouette
Quy le réconforta

Ainsi font les amourettes
Vray dieu quy les a

Je ne le dis point pour moy
Les miennes ny sont pas

Je le dis pour un autre
Quy vist loings d'icy

Il est en la belle demeure
Ou entour de là.

Et l'air exact de *A la volette* apparaît dans un noël en 1672 :

Voici la nouvelle
Que Jésus est né;
Que d'une pucelle,
Il nous est,
Tourlouritette,
Il nous est
Tourlouritette,
Il nous est donné.

Au cinquième couplet, du reste, on chante :

Offrons en hommage
Devant le berceau
A ce Dieu si sage
Un petit oiseau.
(Noëls ou Cantiques Nouveaux.)

Dans une messe, Lesueur (1760-1837) reprend cette mélodie qu'il commente ainsi : « Air antique de l'Orient devenu ancien noël de l'Église gallicane. »

Bon voyage, Monsieur Dumollet

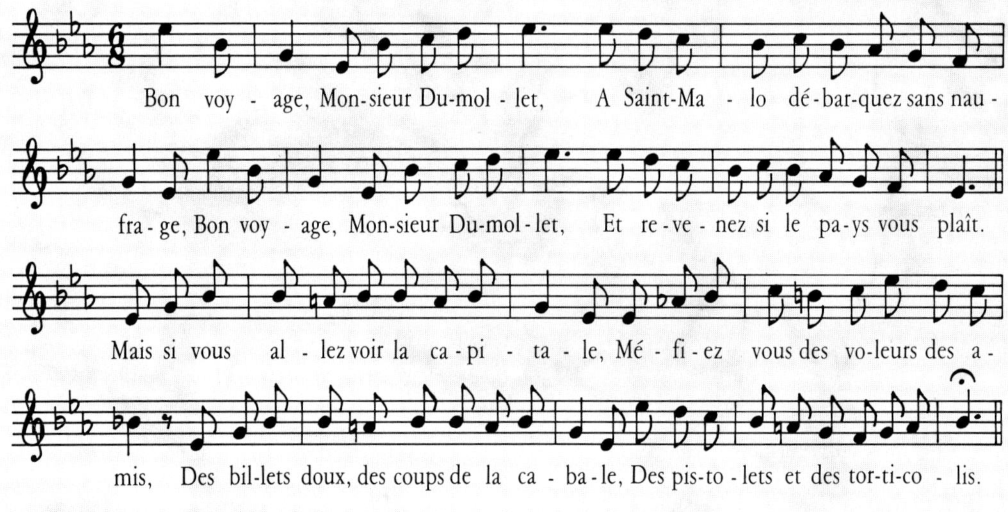

Refrain
Bon voyage, Monsieur Dumollet,
A Saint-Malo débarquez sans naufrage,
Bon voyage, Monsieur Dumollet,
Et revenez si le pays vous plaît.

Mais si vous allez voir la capitale,
Méfiez-vous des voleurs des amis,
Des billets doux, des coups de la cabale,
Des pistolets et des torticolis.

Là vous verrez, les deux mains dans les poches,
Aller, venir des sages et des fous,
Des gens bien faits, des tordus, des bancroches,
Nul ne sera si bien jambé que vous.

Des polissons vous feront bien des niches,
A votre nez riront bien des valets,
Craignez surtout les barbets, les caniches,
Car ils voudront caresser vos mollets.

L'air de la mer peut vous être contraire,
Pour vos bas bleus, les flots sont un écueil.
Si ce séjour venait à vous déplaire,
Revenez-nous avec bon pied bon œil.

La chanson fut composée par Marc-Antoine Désaugiers, le célèbre président du « Caveau Moderne » qui réunissait au « Rocher de Cancale », chez le restaurateur Baleine, rue Montorgueil. « Excellent compositeur et doué d'une voix agréable, il charmait absolument son public, car *il jouait ses chansons* », écrit un de ses biographes.

Le Départ pour Saint-Malo, appelé aussi *La Suite des Trois Étages,* folie en un acte entrecoupée de chansons, fut représenté au Théâtre des Variétés-Panorama le 25 juillet 1809. Notre chanson en formait le vaudeville* final et se chantait sur l'air d'un vieux pont-neuf* : *Bonne fête, monsieur Denis,* dont l'auteur est inconnu.

Voici le texte de ce *Vaudeville de Monsieur Dumollet :*

Refrain

Bon voyage
Cher Dumollet
A saint-Malo débarquez sans naufrage
Bon voyage
Cher Dumollet
Et revenez si le pays vous plaît.

P'têt bin qu'un jour une femme charmante
Vous rendra père aussi vite qu'époux.
Tâchez c'te fois qu' personn' ne vous démente
Quand vous direz que l'enfant est à vous.

Si vous venez revoir la capitale
Méfiez-vous des voleurs, des amis
Des billets doux, des coups de la cabale
Des pistolets et des torticolis.

Dumollet
Allez au diable! et vous et votre ville
Où j'ai souffert mille et mille tourments.

(au public)
Il vous serait cependant bien facile
De m'y fixer, messieurs, encor longtemps.
Pour vous plaire je suis tout prêt

A rétablir ici mon domicile
Faites connaître à Dumollet
S'il doit rester ou faire son paquet.

Tous
Pour vous plaire, le voilà prêt
A rétablir ici son domicile
Faites connaître à Dumollet
S'il doit rester ou faire son paquet.

Mais qui est ce fameux Dumollet? Inutile d'essayer de résumer la comédie échevelée dont il est le héros. Sachons seulement, pour éclairer les paroles du vaudeville, qu'il a soutenu, en faisant la claque, une pièce écrasée par la cabale. La pièce a dégénéré en bagarre générale. « C'est donc çà que vous avez les mollets sens devant derrière », lui dit son portier. Car, avouons-le, Dumollet est affublé... de mollet postiches! Voilà pour la cabale et les mollets. Un duel s'ensuit. Dumollet tire... en l'air, et tue le chat de Mme Caquet qui se promenait sur la gouttière. Voilà pour les pistolets. Le même soir Rosette se marie. Dumollet, amoureux éconduit, recevra d'elle un billet doux qui l'invite à l'enlever dans la nuit. Rosette, bien sûr, reste dans les bras de son tendre époux, et Dumollet enlève ... l'auteur de la pièce sifflée, somnambule caché sous un voile, qu'il prend pour la belle. Voilà pour les billets doux et l'époux. Pour se débarrasser d'un importun qui survient alors, ne va-t-il pas se prétendre le père attentionné d'un bébé que porte sa nourrice? – ce que le vrai papa n'apprécie guère. Voilà pour l'enfant. On comprend que dans ses malheurs Dumollet hésite entre Saint-Malo et la capitale!

Du *Vaudeville de Monsieur Dumollet,* on ne chante plus guère que la deuxième strophe et le refrain d'entrée. En revanche, les troisième, quatrième et cinquième couplets, s'inspirant du nom du héros, ont été ajoutés à ceux de Désaugiers.

Quel est l'auteur de ces nouvelles paroles? Le public, à n'en pas douter, qui répondait ainsi à Monsieur Dumollet.

Berceuses

Dodo Béline

Dodo, Béline
Sainte Catherine
Endormez les p'tits enfants
Jusqu'à l'âge de quinze ans
Quand quinze ans seront passés
Il sera temps d'les marier.

Fais dodo

Fais dodo, Colas mon p'tit frère,
Fais dodo, t'auras du lolo.
Maman est en haut
Qui fait du gâteau
Papa est en bas
Qui fait du chocolat.
Fais dodo, Colas mon p'tit frère,
Fais dodo, t'auras du lolo.

Dodo, l'enfant do

Dodo, l'enfant do
L'enfant dormira bien vite
Dodo, l'enfant do
L'enfant dormira bientôt.

Dodo Béline

Théodore Paulinier, originaire du Gard, se souvient que sa nourrice lui chantait la berceuse de Sainte Marguerite : c'était en 1815. Les paroles étaient dites en provençal, et il nous propose la traduction suivante :

Refrain
Sommeil ! Sommeil ! Sommeil !
Viens, viens, viens, viens,
Sommeil ! Sommeil ! Sommeil !
Viens de quelque part !

Sainte Marguerite
Qui êtes si jolie,
Endormez mon enfant
Jusqu'à l'âge de quinze ans

Quand quinze ans seront passés
Il nous le faudra marier
Avec une jolie fille
Riche et de bonne famille

Mon enfant va s'endormir
Si le sommeil, sommeil veut venir
Et si sainte Marguerite
Est aussi bonne que jolie

Bien ! mon enfant s'endort :
Allons voir les amis
Bonne sainte Marguerite
Oui, certes ! vous êtes bonne et jolie.

En provençal, la berceuse commence par le mot *Néné, nono* ou *nenna,* qui correspond à notre *dodo :*

Néné, petite,
Sainte Marguerite...

L'invocation de Sainte Marguerite vient sans doute du fait que cette sainte protège les femmes en couches. La sainte, au moment de mourir décapitée pour n'avoir pas voulu trahir sa foi, promit que toute femme en travail qui l'invoquerait enfanterait sans risque. Et, longtemps, la vie de la sainte fut lue au chevet des femmes en mal d'enfant.

Certaines régions invoquent plutôt sainte Catherine, comme dans *Dodo Béline.*

Cette sainte est la patronne des jeunes filles jusqu'au mariage, ce qui explique sans doute le choix de la sainte et le sens de la chanson.

Béline, dit-on, viendrait de « berline », mot qui désigne dans le Berry le simple d'esprit, aux yeux écarquillés. L'enfant qui

résiste au marchand de sable « s'araille comme un berlin ». Ce « berline », a été pris pour un diminutif.

Fais dodo

Encore une berceuse répandue dans de nombreuses régions de France, du Languedoc à la Champagne, en passant par les provinces de l'Ouest. L'occupation des parents change d'ailleurs selon les lieux : maman fait du caillé, papa coupe du bois, fait du nougat. Mais les paroles ne varient guère, et l'air semble ancien, puisqu'un noël du XVIIIe siècle, composé par Simon, se chante sur le même rythme et sur une mélodie presque identique.

Dodo l'enfant do

La plus courte de nos berceuses est aussi la plus ancienne, au moins pour la musique : elle reproduit un très vieux carillon sonné pour l'Angélus. Leclair, d'abord danseur et maître de ballet, puis violoniste du roi, l'harmonisa en 1758 pour en faire une contredanse* ; l'air de la contredanse plut à quelque nourrice, qui en fit une berceuse.

Le P'tit Quinquin

Refrain
« Dors, min p'tit quinquin *(mot d'affection)*
Min p'tit pouchin *(poussin)*
Min gros rojin! *(raisin; mot tendre)*
Te m' f'ras du chagrin
Si te n' dors point j'qu'à d'main. »

Ainsi l'aut' jour eun' pauvr' dintellière
In amiclotant*(en berçant)* sin p'tit garchon
Qui, d'puis tros quarts d'heure, n' faijot qu' braire
Tâchot l'indormir par eun' canchon.
  Ell' li dijot : « Min Narcisse
  D'main t'aras du pain d'épice,
  Du chuc *(sucre)* à gogo
  Si t'es sache et qu' te fais dodo.

Et si te m' laich' faire eun' bonn' semaine
J'irai dégager tin biau sarrau *(blouse)*
Tin patalon d' drap, tin giliet d' laine,
Comme un p'tit milord, te s'ras farau *(bien mis)*!
  J' t'acat'rai *(je t'achèterai)*, l' jour d' la ducasse *(fête locale)*,
  Un porichinell' cocasse
  Un turlututu
  Pour juer l'air du Capiau-pointu *(Chapeau pointu)*.

Nous irons dins l' cour *(dans la ruelle)* Jeannette-à-Vaques
Vir *(voir)* les marionnett's. Comm' te riras,
Quand t'intindras dire : « Un doup' *(sou)* pou' Jacques! *(nom de Polichinelle)* »
Pa' l' porichinell' qui parl' magas *(qui zézaye)*
Te li mettras dins s' menotte
Au lieu d' doupe, un rond d' carotte!
I' t' dira : Merci!
Pins' *(pense)* comm' nous arons du plaisi!

Et si par hasard sin maître s' fâche
Ch'est alors Narciss' que nous rirons!
Sans n'n avoir invi', j' prindrai m'n air mache *(méchant)*
J' li dirai sin nom et ses surnoms
J' li dirai des fariboles.
I' m'in répondra des drôles,
Infin, un chacun
Verra deux pestac' *(spectacles)* au lieu d'un.

Allons serr' tes yeux, dors min bonhomme
J' vas dire eun' prière à P'tit-Jésus
Pour qu'i vienne ichi pindant tin somme
T' fair' rêver qu' j'ai les mains plein's d'écus
Pour qu'i t'apporte eun' coquille *(gâteau offert à Noël)*
Avec du chirop qui guile *(coule)*
Tout l' long d' tin minton...
Tet' pourléqu'ras tros heur's de long!

L' mos *(mois)* qui vient, d' Saint-Nicolas ch'est l' fiête,
Pour sûr, au soir, i' viendra t' trouver.
I' t' f'ra un sermon, et t' laich'ra mette,
In d'zous du balot *(tuyau de cheminée)* un grand painnier
I' l' rimplira, si t'es sache,
D'séquois *(de choses)* qui t' rindront bénache *(bien aise)*
Sans cha, sin baudet
T'invoira un grand martinet.

Ni les marionnettes, ni l' pain n'épice
N'ont produit d'effet. Mais l' martinet
A vit' rapajé *(apaisé)* l' petit Narcisse,
Qui craignot d' vir arriver l' baudet.
Il a dit s' canchon-dormoire...
S' mèr' l'a mis dins s'n ocheinnoire *(berceau)*
A r'pris sin coussin *(métier, ou carreau de dentelle)*
Et répété vingt fos che r'frain :

« Dors, min p'tit quinquin... »

La chanson fétiche des gens du Nord est l'œuvre d'un chansonnier du pays, Alexandre Desrousseaux, né en 1820 rue Saint-Sauveur à Lille. Dès l'âge de six ans il est mis en apprentissage chez un ouvrier tisserand, puis chez un tailleur en chambre. Il eut cependant la chance d'avoir un père et deux patrons successifs épris de musique, qui lui permirent de suivre les cours de solfège du Conservatoire de Lille. A dix-sept ans, il compose et chante, le jour du Carnaval, *Spectacle gratis,* qui eut un succès immédiat. Mais ayant tiré un mauvais numéro, il doit faire son service militaire – qui durait alors sept ans – et de retour à Lille, il mène une vie difficile avec sa mère, habitant au 37 Cour Jeannette à Vaches, au cœur du quartier Saint-Sauveur.

Découragé et malade, il songe à gagner Paris quand un camarade l'incite un soir à chanter en public son *Spectacle gratis.* Sa belle voix de ténor lui assure un nouveau succès, ce qui lui permet de publier un premier *Recueil de Chansons et Pasquilles Lilloises* (les « pasquilles » sont de petites scènes dialoguées). Son originalité, outre la qualité des chansons, tient au choix fait par l'auteur du patois lillois, transcrit selon un code orthographique précis.

La carrière du chansonnier commence en cette année 1848, et atteindra son apogée lorsque paraîtra notre chanson, sous le titre *L' Canchon dormoire.*

L' Canchon dormoire, écrit Desrousseaux, c'est une « chanson que disent les femmes pour endormir les enfants. (...) Par extension, les paroles inintelligibles que prononcent ordinairement les enfants au moment de s'endormir s'appellent aussi canchon-dormoire ».

C'est le 13 novembre 1853 qu'Alexandre Desrousseaux chante pour la première fois la célèbre berceuse dans la salle à manger de l'auberge « A la ville d'Ostende ». Il y prenait ses repas, travaillant alors au Mont-de-Piété, situé non loin de là. Avec sa ponctualité habituelle, il remit cette chanson à la cinquième livraison de ses œuvres, qui paraissaient régulièrement sous forme de publications de 12 pages, avec la musique, au prix modique de 15 centimes. Ces livraisons était ensuite regroupées dans les fameux volumes de *Chansons et Pasquilles Lilloises.*

Dès 1855, la berceuse était interprétée au théâtre dans une pièce intitulée *La Poule aux œufs d'or.* Chantée à Paris, elle fut très vite transformée, contre le gré de l'auteur, en quadrille, en ronde, en pas redoublé, et l'air, sur lequel dansait toute la France, fut utilisé pour bien d'autres chansons, berceuses, bien sûr, mais aussi parodies et satires de tous poils : « Bois, mon p'tit chien-chien »!

De nombreuses boutiques prirent le nom du « P'tit Quinquin », titre sous lequel la chanson fut désormais connue.

Mais l'inseinne est incor pus bielle :
Elle r'présint le P'tit-Quinquin
Que s' mère indort, et qui se r'belle...

dit Desrousseaux dans une autre chanson, qu'il intitule *Au cabaret du P'tit Quinquin,* d'après une enseigne aperçue au cours d'une promenade. Sa popularité fut telle qu'une anthologie anglaise de tous les chants populaires d'Europe la publie en 1886 comme une « vieille chanson inédite »! Et elle fut gravée sur un disque 78 tours dès 1930.

Le P'tit Quinquin fut joué comme marche funèbre le 27 novembre 1892 pour accompagner à sa dernière demeure le chansonnier lillois comblé de titres et d'honneurs.

Meunier, tu dors

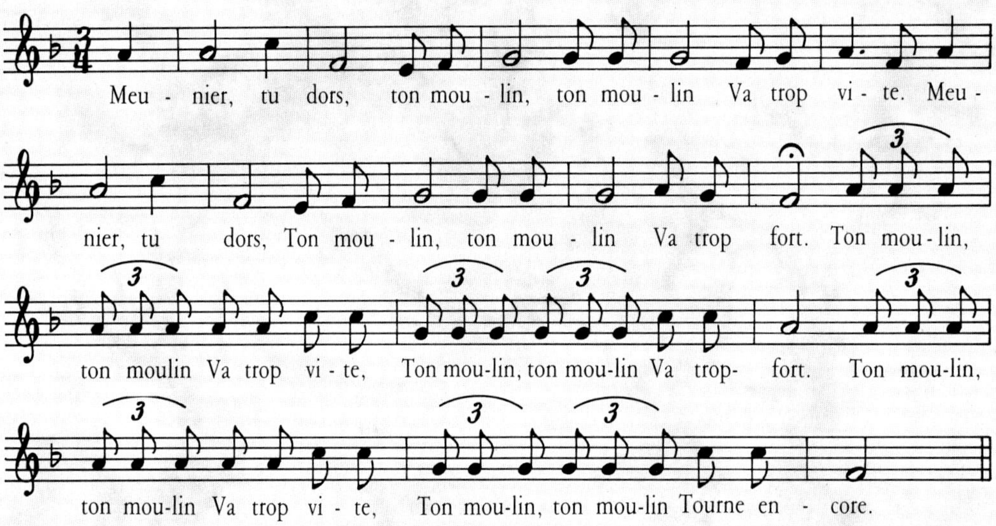

Meunier, tu dors,
Ton moulin, ton moulin
Va trop vite.
Meunier, tu dors,
Ton moulin, ton moulin
Va trop fort.
Ton moulin, ton moulin
Va trop vite,
Ton moulin, ton moulin
Va trop fort.
Ton moulin, ton moulin
Va trop vite
Ton moulin, ton moulin
Tourne encore.

Le personnage du meunier paisiblement endormi a été créé pour les besoins du répertoire enfantin. Comment, en effet, faire chanter par des voix innocentes la mésaventure de la meunière qui, dans la tradition des chansons populaires, feint le sommeil pour mieux se laisser séduire ? Le thème est traité de façon souvent grivoise ; en voici une version honnête, celle des *Chansons de France* de 1911 :

Dimanche en revenant de vêpres
J'y ai passé près du moulin
C'est pour savoir s'il moulait bien.

J'y ai trouvé que la meunière
Devant sa porte seule assise
Qui faisait semblant de dormir.

Oh ! je me suis approché d'elle
Et sans qu'elle s'en puisse douter
Son anneau d'or lui ai ôté.

L'air de cette chanson n'est pas exactement le même que celui de la ronde enfantine. C'est un air noté dès 1712 dans les *Mille et un airs* de Ballard, avec l'indication : sur le timbre « Ce fut un dimanche après les vêpres ». Il réapparaît, avec quelques variantes, dans le *Théâtre de la Foire* de 1731, puis dans le *Théâtre* de l'auteur dramatique Favart, dans la seconde moitié du siècle. Favart précise que cet air est celui d'un couplet de la scène IX de sa pièce *Thésée.* Les notes sur lesquelles nous chantons « Ton moulin, ton moulin tourne encore » sont celles qui, déjà, terminaient les airs du XVIIIe siècle.

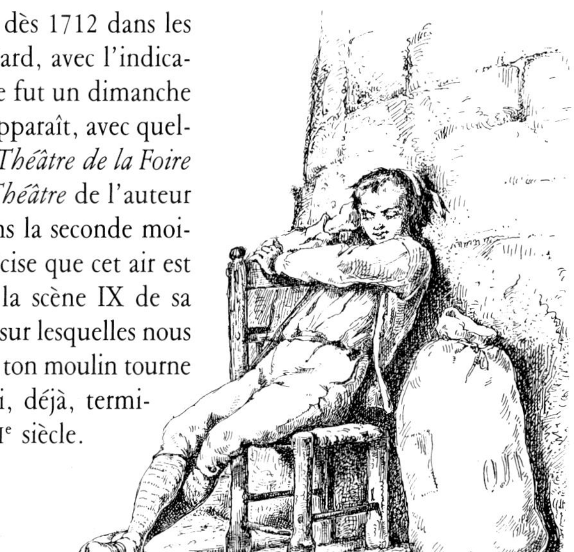

La boulangère a des écus

La boulangère a des écus *(bis)*
Qui ne lui coûtent guère *(bis)*
Oui elle en a, je les ai vus
J'ai vu la boulangère
Aux écus
J'ai vu la boulangère.

– D'où viennent tous ces écus *(bis)*
Charmante boulangère ? *(bis)*
– Ils me viennent d'un gros Crésus
Dont je fais bien l'affaire
Vois-tu
Dont je fais bien l'affaire.

A mon four aussi sont venus
De galants militaires
Mais je préfère les Crésus
A tous les gens de guerre
Vois-tu
A tous les gens de guerre.

Des petits-maîtres sont venus
En me disant : « Ma chère,
Vous êtes plus belle que Vénus. »
Je n'les écoutais guère
Vois-tu
Je n'les écoutais guère.

Des abbés coquets sont venus
Ils m'offraient pour me plaire
Des fleurettes au lieu d'écus
Je les envoyais faire
Vois-tu
Je les envoyais faire.

– Moi, je ne suis pas un Crésus
Abbé ni militaire
Mais mes talents sont bien connus
Boulanger de Cythère
Vois-tu
Boulanger de Cythère.

Je pétrirai le jour venu
Notre pâte légère
Et la nuit, au four assidu
J'enfournerai, ma chère
Vois-tu
J'enfournerai, ma chère.

– Eh bien ! épouse ma vertu
Travaill' de bonn' manière
Et tu ne seras pas déçu
Avec la boulangère
Aux écus !
Avec la boulangère.

LA BOULANGERE

De la chanson assez libre de Gallet, qui a le caractère facile et licencieux de la Régence, on n'a guère retenu que le premier couplet qui servait de refrain, et qui est devenu une ronde enfantine aux paroles réputées innocentes.

Gallet était, au début du XVIIIe siècle, « un marchand épicier qui, plus assidu au théâtre de la Foire qu'à sa boutique, s'était déjà ruiné lorsque je le connus », écrit Marmontel.

Tel Ragueneau, le rôtisseur-pâtissier d'Edmond Rostand dans *Cyrano de Bergerac,* il préférait la rime au commerce que lui avait légué son père, rue de la Truanderie, et une marchande de son voisinage l'inspira peut-être.

Certains ont prétendu que les couplets visaient une femme légère très en vue, mais l'auteur s'est sans doute aussi souvenu de la chanson publiée en 1612 par le sieur Bellone :

La belle Boulangère
A presté son devant
Avec une lingère
Pour avoir de l'argent,
Et leurs maris cocus
Cocus tous pleins de cornes
Vous amassez beaucoup d'escus.

L'air de la chanson de Gallet est emprunté à une contredanse qui figure, dans les *Rondes et Chansons à danser* de Ballard en 1724, sous le titre « La Boulangère », mais avec des paroles différentes des nôtres :

Si vous avez un amant
Voulez-vous qu'il soit fidèle ?
Regardez-le tendrement.
Mais s'il voulait aller
Plus avant
Paraissez-lui cruelle.

Il est probable qu'il était déjà assez ancien en ce début du XVIIIe siècle. Offenbach a tiré du refrain un opéra-bouffe donné en 1875, *La Boulangère a des écus.* Ses écus, Margot les a ici gagnés au prix d'un honnête travail, dit-elle :

Ah ! qu'elle est fière, qu'elle est fière
La Boulangère
Avec ses quatre grands laquais
Ah ! qu'elle est fière la boulangère
Qui vend du pain dans un palais.

– Lorsque j'étais fille de boutique
Je n'en avais pas tant qu'ça
Et je portais à la pratique
De ces gros pains qu'vous voyez là.
Et j'ai pu gagner honnêt'ment
Des sommes extraordinaires
Ce qui fait qu'on chante à présent :

« La boulangère a des écus
Qui ne lui coûtent guère
Elle en a, car on les a vus.
Je suis / V'la } la boulangère aux écus. »

J'ai du bon tabac

J'ai du bon tabac
Dans ma tabatière
J'ai du bon tabac
Tu n'en auras pas.

J'en ai du fin
Et du bien râpé,
Mais ce n'est pas
Pour ton vilain nez.

C'est « par le nez » que le tabac fait son entrée en France, non point en plaisantes volutes, puisqu'il ne se fume pas, au début, mais sous forme de poudre à priser. Vers l'an 1560, l'ambassadeur de France à Lisbonne, Jean Nicot, envoie à la reine Catherine de Médicis un remède souverain contre les migraines, une poudre faite des feuilles séchées et finement hachées d'une plante rapportée d'Amérique par les conquérants espagnols et portugais; ils l'ont appelée *tabaco,* du nom *tsibatl* que lui donnent les Indiens Caraïbes.

Le remède royal provoque un véritable engouement; on le boit en décoction parfois, on le fume un peu, mais surtout on le prise : un geste délicat du pouce en introduit une pincée dans la narine, cela chatouille agréablement jusqu'à l'éternuement libérateur. Quelques esprits chagrins se scandalisent, Louis XIII en interdit la vente, le pape Urbain VIII – le même qui condamne Galilée – excommunie les amateurs de tabac.

Peine perdue, le tabac fait fureur. Louis XIV, conciliant, en tolérera l'usage; toutefois, une seule prise est permise aux courtisans pendant la durée de la messe, et seul le marguillier peut leur présenter la tabatière, le claquement des couvercles, les éternuements et les reniflements de l'assistance portant atteinte à la solennité de l'office divin. Financier avisé, Colbert établit le monopole d'État... l'idée fait encore merveille.

Molière, par la bouche de Sganarelle, affirme au début de *Don Juan* qu'« il n'est rien d'égal au tabac... qui vit sans tabac n'est pas digne de vivre ».

Cent ans plus tard, un littérateur mondain, Gabriel-Charles de L'Attaignant, écrit la chanson du *Bon Tabac.* Né à Paris en 1697, L'Attaignant est entré, sans vocation aucune, dans les ordres. Il est chanoine de Reims, mais vit à Paris. Il fréquente assi-

J'ai du bon tabac

dans ma tabatière

dûment les salons, les cabarets, les tripots même. Il écrit des chansons. Dans un de ses recueils figure *Fanchon,* chanson à boire, dont voici le refrain joyeux :

Ah! que son entretien est doux
Qu'elle a de mérite et de gloire.
Elle aime à rire, elle aime à boire.
Elle aime à chanter comme nous
Oui comme nous.

Il est l'auteur du couplet suivant :

Non, la fidélité
N'a jamais été
Qu'une imbécillité.
J'ai quitté
Par légèreté
Plus d'une beauté.
Vive la nouveauté!

N'hésitant pas à tourner l'épigramme, L'Attaignant manque se faire rosser par le comte de Clermont, qu'il a insulté. Il se venge en lui refusant la marque de la plus élémentaire courtoisie, une prise de sa tabatière :

A ce bon Monsieur
De Clermont-Tonnerre
Qui fut mécontent
D'être chansonné,
Menacé
D'être bâtonné
On lui répond
Le coup détourné :

« J'ai du bon tabac
Dans ma tabatière
J'ai du bon tabac
Tu n'en auras pas. »

L'abbé bon vivant se retira à quatre-vingts ans chez les Pères de la Doctrine Chrétienne, qui l'avaient éduqué.

Sur l'air du *Bon Tabac,* les enfants de la Louisiane chantent :

Un petit bonhomme
Pas plus haut qu'un rat
A battu sa femme
Comme un scélérat.

Et, dans le Val-de-Loire, on dansait un branle* en chantant sur ce même air :

Tout le long du bois
J'embrassai Jeannette
Tout le long du bois
J' l'embrassai trois fois
Je l'ai embrassée tant de fois
Qu'il y a de feuilles dans le bois.

Peut-être, enfin, peut-on deviner, dans le refrain d'un rondeau du XIVe siècle, l'ébauche de l'air de la première phrase du *Bon Tabac :*

Li solaus qui en moi luist
Est mes deduis
Et Dies est mes conduis.

(Le soleil qui en moi luit
Est mon plaisir
Et Dieu est mon guide.)

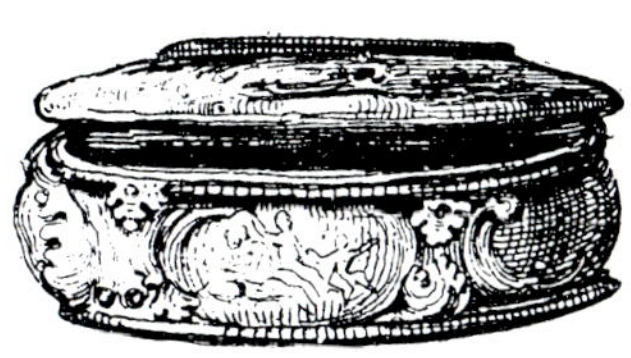

Ah! mon beau château

Ah ! mon beau château
Ma tantire lire lire
Ah ! mon beau château
Ma tant' tire lire lo.

Le nôtre est plus beau
Ma tant' tire lire lire
Le nôtre est plus beau
Ma tant' tire lire lo.

Nous le détruirons.

Laquelle prendrez-vous ?

Celle que voici.

Que lui donnerez-vous ?

De jolis bijoux.

Nous en voulons bien.

Cette ronde fait partie des *Chansons et Rondes enfantines* publiées par Du Mersan en 1846.

Voici comment se danse la ronde : deux cercles concentriques d'enfants tournent en sens inverse ; ils représentent les deux châteaux. A chaque couplet, un enfant quitte l'une des deux rondes pour rejoindre l'autre. La chanson se termine lorsque tous les enfants ne forment plus qu'un seul et même cercle. Du Mersan explique de la façon suivante l'origine de la chanson : deux seigneurs, sire Enguerrand et sire de Fayel, vantaient l'un les tourelles gothiques de son château, l'autre l'architecture moderne du sien. Les deux rivaux en viennent aux armes. Enguerrand, appuyé par de nombreux vassaux, attaque le château de Fayel. Fayel, disposant de vassaux moins nombreux, mais plus braves, se défend vaillamment. Enguerrand soudoie les soldats de Fayel, qui en est fait prisonnier. Enguerrand fait abattre le château de son ennemi vaincu. Mais un troisième seigneur vient assiéger le château d'Enguerrand, s'en empare et le fait abattre. Fayel a pitié de l'accablement d'Enguerrand. Les deux hommes scellent leur amitié en faisant bâtir un seul et même château pour eux deux. Chacun épouse la sœur de l'autre.

Ce récit, d'une symétrie parfaite, a pu charmer et rassurer les petites filles modèles. L'Histoire, elle, n'a pas trace de ces deux seigneurs. La ronde* du Beau Château s'inscrit dans la lignée des chansons courtoises, comme *La tour prends garde !*

Le château, comme la tour, symbolise la retraite où aime se réfugier l'amour comblé. Une chanson populaire en Vendée reprend le même thème :

Quand le château d'amour fut pris
Hé ! hé ! hé !
Ah ! grand dieu, quel dommage !

La belle a fait lever les ponts
Hé ! hé ! hé !
Et fermer les barrières.

Nous chantons *Ah ! mon beau château* sur un air de vaudeville, noté dans la *Muse lyrique* de 1782. Dans son recueil de *Chants populaires de la Provence,* Damase Arbaud note un air différent, tombé depuis en désuétude.

Le refrain se trouve déjà dans les *Chansons folastres et prologues, tant superlifiques que drolatiques des Comédiens Français* de 1612 :

Il était un bonhomme
Jouant de la mandore
Tire lire lire la

L'onomatopée « tire lire lire la », avec le *r* roulé, imite la vibration des cordes doubles de la mandore, grande mandoline encore en usage au XVIIIe siècle. Elle se retrouve sous la forme « la tan tire lire lire » dans le refrain d'une chanson de la *Caribarye des artisans* de 1646.

Demandes et réponses alternées, assaut galant de la forteresse, se retrouvent dans une autre ronde enfantine, moins connue :

Où est la marguerite
O gué o gué
Où est la marguerite
Francs cavaliers ?

Elle est dans son château
O gué o gué
Elle est dans son château
Francs cavaliers

Je voudrais bien la voir

En abattant une pierre

Vous ne pourrez la voir

En abattant deux pierres

(etc., en abattant autant de pierres que de fillettes qui vont se retirer une à une de la ronde).

Vous voyez la marguerite.

La marguerite est représentée depuis le début du jeu par une petite fille, seule au centre de la ronde.

Le refrain « o gué o gué... francs cavaliers », qu'il faut comprendre « o guet, o guet... », est presque identique à celui de *Chevalier du guet ;* cette chanson s'inscrit, elle aussi, dans la tradition courtoise du guetteur, veilleur d'amour.

Trois jeunes tambours

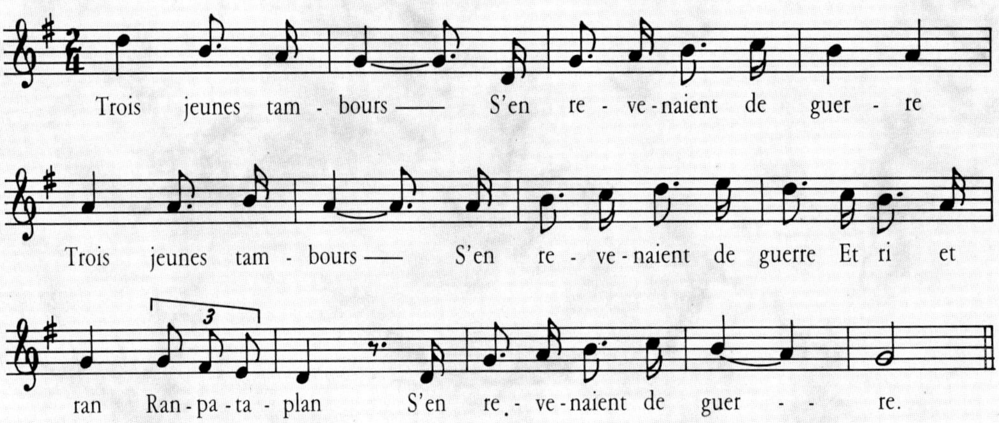

Trois jeunes tambours
S'en revenaient de guerre } *(bis)*
Et ri et ran
Ranpataplan
S'en revenaient de guerre

Le plus jeune a
Dans la bouche une rose } *(bis)*
Et ri et ran
Ranpataplan
Dans la bouche une rose

La fille du roi
Était à sa fenêtre.

« Joli tambour
Donnez-moi votre rose.

– Fille du roi
Donnez-moi votre cœur

– Joli tambour
Demandez à mon père.

– Sire le roi
Donnez-moi votre fille.

– Joli tambour
Tu n'es pas assez riche.

– J'ai trois vaisseaux
Dessus la mer jolie.

L'un chargé d'or
L'autre de pierreries

Et le troisième
Pour promener ma mie.

– Joli tambour
Dis-moi qui est ton père.

– Sire le roi
C'est le roi d'Angleterre.

Et ma mère est
La reine de Hongrie.

– Joli tambour
Je te donne ma fille.

– Sire le roi
Je vous en remercie.

Dans mon pays
Y en a de plus jolies.

Cette chanson de marche figure au répertoire militaire depuis la bataille de Fontenoy (1745), où la France battit les Anglais, alliés de Marie-Thérèse d'Autriche. On peut penser qu'elle était alors très récente, car la réponse du tambour :

Sire le roi, c'est le roi d'Angleterre
Et ma mère est la reine de Hongrie.

semble être une allusion aux événements contemporains. Les droits de Marie-Thérèse au trône des Habsbourg étaient contestés et même attaqués. Pour la première fois, une femme succédait à une longue lignée d'empereurs. Quand elle fut couronnée reine de Hongrie à la Diète de Presbourg (aujourd'hui Bratislava), en septembre 1741, elle se présenta tenant dans ses bras son fils, le futur Jacques II, qu'elle confia « à la sauvegarde de la chevaleresque et vaillante nation hongroise ». Les Hongrois, émus, levèrent aussitôt des troupes qui leur permirent de repousser la coalition ennemie. La situation de la jeune reine bouleversa les cœurs sensibles, et son attitude dut impressionner le compositeur de la chanson, qui était peut-être un tambour de l'armée royale engagé dans cette guerre, comme le laissent supposer le sujet et le refrain.

Une chanson du XVe siècle nous présente déjà une belle qui s'en remet à son père pour répondre à la demande d'un galant gentilhomme :

Au jardin de mon père, il y croist un rousier :
Troys jeunes damoiselles sy s'i vont umbragier

Refrain
Aymés moy, ma mignonne
Aymés moy sans danger (refus)

Troys jeunes gentizhommes sy les vont regarder
Je choisy la plus belle et la priay d'amer

Mon père est en sa chambre, allez luy demander
Et s'il en est content je m'y vieulx acorder.

Mais les *Trois Jeunes Tambours* nous rappellent surtout la chanson berrichonne des *Trois Fendeurs* que George Sand évoque dans son roman *Les Maîtres Sonneurs*, en la présentant comme « un échantillon de ce mode gris et triste qu'il appelait le mineur ». Nous ne donnerons pas les paroles que propose George Sand, car elle les composa sans doute elle-même pour illustrer son propos, et elles s'éloignent de notre sujet. En revanche, celles qui sont chantées dans le Berry nous intéressent directement. Le « Joli Fendeur » mis en scène n'est pas exactement un bûcheron. Son travail consiste à dépecer les troncs et à les transformer en poutres et planches.

C'est un joli fendeur
Dans sa loge jolie
Qui tenait à sa main
Une rose fleurie

Refrain
Fendeur, dormez-vous ?
Fendeur, joli fendeur
Réveillez-vous.

Par là vient à passer
Le roi avec sa fille.
Le roi dit au fendeur :
« Donn' mi donc ta rose. »

Le fendeur dit au roi :
« Donn' mi donc ta fille. »
Le roi lui répondit :
« Tu n'es pas assez riche.

Ah ! pour te la donner
Tu n'es pas assez riche.
Car tu n'as pas vaillant
La robe de ma fille.

– J'ai bien aussi vaillant
Sa jupe et sa chemise.
J'ai trois vaisseaux sur l'eau
Chargés de marchandises.

Y en a un qu'est plein d'or
L'autre de pierres fines
Et l'aut' de rien du tout
C'est pour emm'ner ta fille. »

Le roi dit au fendeur :
« Tiens ma fille, prends-la vite. »
Le fendeur dit au roi :
« Je m'barrassé de ta fille !

Ma rose elle est pour moi
Ta fille elle est pour d'autres.
Ma rose je donnerai
A celle que mon cœur aime. »

Laquelle des deux chansons a influencé l'autre ? Il est difficile de se prononcer, mais on peut imaginer qu'un tambour originaire du Berry aura utilisé une chanson de son pays pour créer ses *Trois Jeunes Tambours.*

Le « Joli Tambour » se présente parfois sous l'uniforme d'un « Joli dragon » (page 163) et les « Trois Tambours » peuvent devenir « Trois Cents Soldats » (ci-contre).

TROIS CENTS
SOLDATS
REVENANT
DE LA GUERRE
RONDE MILITAIRE

Jean de la Lune

Par une tiède nuit de printemps,
Il y a bien de cela cent ans,
Que sous un brin de persil, sans bruit,
Tout menu naquit
Jean de la Lune.

Il était haut comme un champignon,
Frêle, délicat, petit, mignon,
Et jaune et vert comme un perroquet
Avait bon caquet,
Jean de la Lune.

Pour canne il avait un cure-dent,
Clignait de l'œil, marchait en boitant,
Et demeurait en toute saison
Dans un potiron,
Jean de la Lune.

On le voyait passer quelquefois,
Dans un coupé grand comme une noix,
Et que le long des sentiers fleuris
Traînaient deux souris
Jean de la Lune.

Quand il se risquait à travers bois,
De loin, de près, de tous les endroits,
Merles, bouvreuils sur leur mirliton
Répétaient en rond :
Jean de la Lune.

Si par hasard s'offrait un ruisseau
Qui l'arrêtait sur place, aussitôt,
Trop petit pour le franchir d'un bond,
Faisait d'herbe un pont,
Jean de la Lune.

Quand il mourut chacun le pleura.
Dans son potiron on l'enterra,
Et pour épitaphe on écrivit
Sur la croix : Ci-gît
Jean de la Lune.

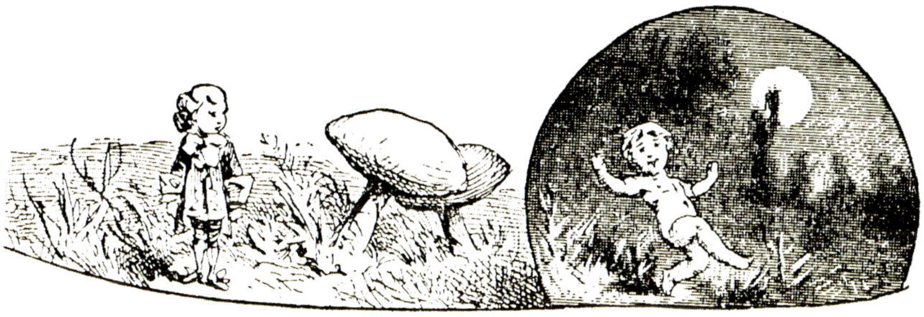

Les paroles de cette chanson furent composées par Adrien Pagès et parurent en 1889 dans le célèbre mensuel de solfège de Claude Augé intitulé *Le livre de musique* (Éditions Larousse). L'air est emprunté à une « Ronde », qui est elle même l'adaptation d'un air militaire, comme le signale Auguste Zurfluch qui réédita la chanson en 1932 dans l'*Album d'Adrien Pagès.*

Il est intéressant de noter que Marcel Achard avait utilisé ce nom pour le personnage principal de sa pièce *Jean de la Lune* créée en 1929 par Michel Simon et Louis Jouvet, puis adaptée au cinéma par Jean Choux en 1931. En 1930, le recueil de « Chants d'éclaireurs unanimistes », *Le Coq,* avait de son côté repris la chanson en transformant les paroles pour le plaisir des « louveteaux ».

Le petit homme
Par une tiède nuit de printemps
Il y a de cela bien longtemps
Pour échapper au tigre méchant
Quitte le feu de camp,
Le petit d'homme (bis) *etc...*

Ce « petit d'homme », on l'aura peut être deviné, n'est autre que le louveteau Mowgli, héros du *Livre de la Jungle.*

On peut remarquer que « Jean de la Lune » s'est bien intégré à notre patrimoine folklorique puisqu'il figure au même titre qu'*Au Clair de la Lune* ou *Compère Guilleri* – qu'il rappelle par certains côtés – dans des recueils contemporains de « Vieilles chansons de France ».

Le Miracle de Saint Nicolas

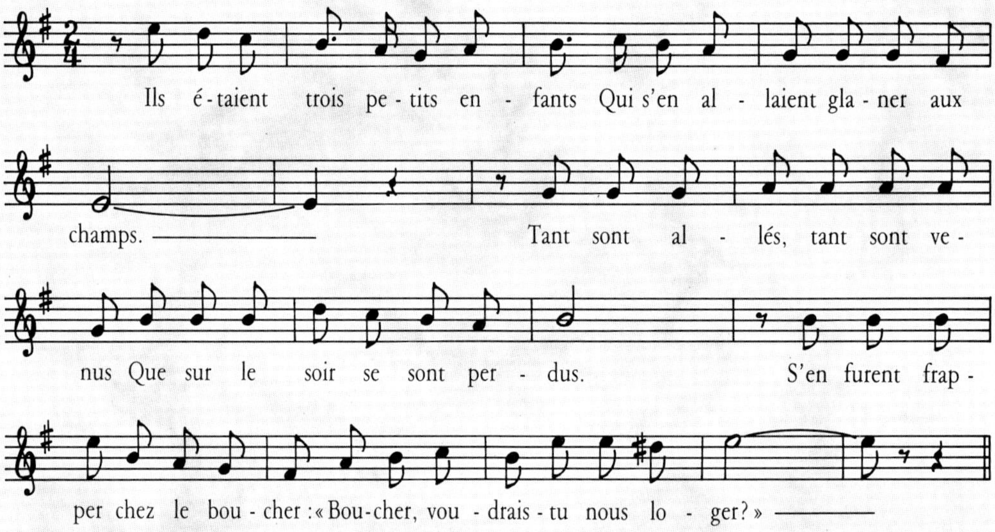

Ils étaient trois petits enfants
Qui s'en allaient glaner aux champs.
Tant sont allés, tant sont venus
Que sur le soir se sont perdus.
S'en furent frapper chez le boucher :
« Boucher, voudrais-tu nous loger?

– Entrez, entrez, petits enfants
Y a de la place assurément. »
Ils n'étaient pas sitôt entrés
Que le boucher les a tués
Les a coupés en petits morceaux
Mis au saloir comme pourceaux.

Mais au bout de sept ans passés
Saint Nicolas vint à passer.
S'en fut frapper chez le boucher :
« Boucher, voudrais-tu me loger?
– Entrez, entrez, Saint Nicolas
Y a de la place, il n'en manque pas. »

Il n'était pas sitôt entré
Qu'il a demandé à souper.
« Du petit salé voudrais avoir
Qui est depuis sept ans dans le saloir. »
Quand le boucher ouït cela
Hors de sa maison se sauva.

« Boucher, boucher ne t'enfuis pas
Repens-toi, Dieu te pardonnera. »
Saint Nicolas pose trois doigts
Dessus le bord de ce saloir :
« Petits enfants qui dormez là,
Je suis le grand Saint Nicolas. »

Et puis il étendit trois doigts
Les enfants se levèrent tous trois.
Le premier dit : « J'ai bien dormi »
Le second dit : « Et moi aussi »
Et le troisième répondit :
« Je me croyais en Paradis. »

Saint Nicolas était évêque de Myre, en Asie Mineure, au IIIe siècle. Lettré et savant, il devint naturellement le saint patron des « clercs », les étudiants du Moyen Age. Le corps du saint repose dans une église de Bari, en Italie. A la fin du XIe siècle, un Croisé lorrain, seigneur de Varangeville, rapporte une relique : une phalange du saint. Pour l'abriter, il fait bâtir une chapelle Saint-Nicolas à Port, en Meurthe-et-Moselle, appelé depuis Saint-Nicolas-de-Port.

Une *Vie de Saint Nicolas,* par le trouvère Wace au XIIe siècle, une légende, au XIIIe siècle, relatent le miracle du saint qui sauva de la damnation un boucher meurtrier. Les victimes sont des « clercs »; c'est l'épouse du boucher qui provoque le meurtre, afin de s'emparer des pièces d'or des voyageurs.

Un recueil de noëls de 1582, publié par Hernault, reprend le sujet de façon identique :

Saint Nicolas, vray Escolier,
Qui des clercs avait quatre-vingts,
Trois y en a de ses clergeons
Qui sont frères et compagnons.

De leur maître congé ont pris
Pour s'en aller à leur pays
Il leur a donné librement :
« Allez à Dieu omnipotent!

Celui qui fit le firmament
Qu'il vous conduise apertement. »
Trois jours et trois nuits sans tarder
Ne cessèrent de cheminer.

Chez un boucher sont arrivés
Logis pour Dieu vont demander.
La bouchère les regarda,
Qui onc en nul bien n'y pensa...

Saint Nicolas messe chanta,
Et les trois clercs ressuscita;
Quand ce fut au définement
Les trois clergeons dirent : « Amen ».
Amen! Noël!

En se popularisant, le cantique devint une complainte. Gérard de Nerval l'entendit en Valois et la mit à la mode dans les salons parisiens, vers 1840. C'est celle que nous chantons encore.

Il existait au XVIIIe siècle, en Espagne et dans le Sud de la France, une chanson dite *Saint Nicolas et le nourrisson brûlé :* une nourrice s'endort en allaitant le fils du roi. A son réveil, elle découvre le bébé en cendres. De désespoir, elle court se noyer, et rencontre Saint Nicolas en chemin.

Retourne-t'-en bien vite! Ton enfant est chez toi
Dans les bras de la Vierge, tu le retrouveras
Voilà les grands miracles que fait Saint Nicolas.

L'iconographie religieuse est riche en représentations du miracle de Saint Nicolas, sauveur d'enfants. Une statuette, dans l'église de Saint-Nicolas de Brem, en Poitou, montre le saint debout à côté d'un baquet où sont trois enfants. Deux médaillons d'un vitrail, dans la cathédrale de Bourges, montrent un homme qui s'apprête à tuer trois enfants à coups de hache; une femme, derrière lui, tient une corbeille. Sur l'autre médaillon, Saint Nicolas bénit trois enfants qui sont debout dans un saloir.

Giroflé, girofla

Que t'as de jolies filles
Giroflé, girofla
Que t'as de jolies filles
L'amour m'y compt'ra. *(bis)*

Elles sont jeunes et gentilles
Giroflé, girofla
Elles sont jeunes et gentilles
L'amour m'y compt'ra. *(bis)*

J'irai au bois seulette
Giroflé, girofla
J'irai au bois seulette
L'amour m'y compt'ra.

Quoi faire au bois seulette?
Giroflé, girofla
Quoi faire au bois seulette?
L'amour m'y compt'ra.

Cueillir la violette
Giroflé, girofla
Cueillir la violette
L'amour m'y compt'ra.

Quoi fair' de la violette?
Giroflé, girofla
Quoi fair' de la violette?
L'amour m'y compt'ra.

Pour mettre à ma coll'rette
Giroflé, girofla
Pour mettre à ma coll'rette
L'amour m'y compt'ra.

Si le roi t'y rencontre?
Giroflé, girofla
Si le roi t'y rencontre?
L'amour m'y compt'ra.

J'lui f'rai trois révérences
Giroflé, girofla
J'lui f'rai trois révérences
L'amour m'y compt'ra.

Si la rein' t'y rencontre?
Giroflé, girofla
Si la rein' t'y rencontre?
L'amour m'y compt'ra.

J' lui f'rai trois révérences
Giroflé, girofla
J' lui ferai trois révérences
L'amour m'y compt'ra.

Si le diabl' t'y rencontre?
Giroflé, girofla
Si le diable t'y rencontre?
L'amour m'y compt'ra.

Je lui ferai les cornes
Giroflé, girofla
Je lui ferai les cornes
L'amour m'y compt'ra.

Cette chanson, qui doit être chantée et mimée alternativement par deux groupes d'enfants, est une ronde populaire très ancienne. En 1859, Joseph Falschnam compose une « polka brillante » sur l'air de *Giroflé Girofla,* et en 1885 elle paraît avec les paroles actuelles dans *Les Chansons Populaires de France* de Charles Widor.

Le nom de la chanson inspira le titre d'une opérette jouée en 1874, dans laquelle Giroflé et Girofla sont les deux filles jumelles d'un noble espagnol. Les paroles sont de Letenier et Vanloo et la musique de Charles Lecocq. Mais ni le thème ni les airs de cette opérette ne rappellent directement la chanson populaire.

Il existe une version plus récente de la chanson, chantée par Yves Montand, qui propose une réécriture antimilitariste des anciens couplets (voir page suivante).

Giroflé, girofla

(nouvelle version)

Que tu as la maison douce
Giroflé, girofla
L'herbe y croît, les fleurs y poussent
Le printemps est là.
Dans la nuit qui devient rousse
Giroflé, girofla
Le feu la brûlera. *(bis)*

Que tu as de beaux champs d'orge
Giroflé, girofla
Ton grenier de fruits regorge
L'abondance est là.
On entend souffler la forge,
Giroflé, girofla
Le canon les fauchera. *(bis)*

Que tu as de belles filles
Giroflé, girofla
Dans leurs yeux où la joie brille
L'amour descendra.
Dans la plaine on se fusille
Giroflé, girofla
Le soldat les violera.

Que tes fils sont forts et tendres
Giroflé, girofla
Ça fait plaisir de les entendre
A qui chantera.
Dans huit jours on va te les prendre
Giroflé, girofla
Le corbeau les mangera.

Tant qu'y aura des militaires
Soit ton fils, soit le mien
Il ne pourra y avoir sur terre
Pas grand chose de bien.
On te tuera pour te faire taire
Par derrière, comme un chien.
Et tout ça pour rien.

La Mist'en laire

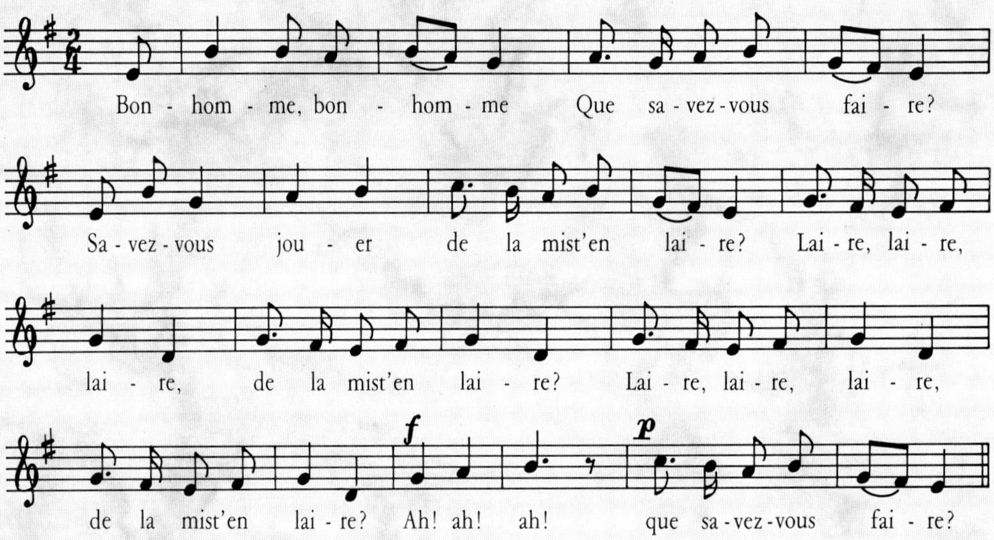

Bonhomme, bonhomme
Que savez-vous faire?
Savez-vous jouer de la mist'en laire?
Laire, laire, laire, de la mist'en laire?
Ah! ah! ah! que savez-vous faire?

Bonhomme, bonhomme
Que savez-vous faire?
Savez-vous jouer de la mist'en flûte?
Flûte, flûte, flûte, de la mist'en flûte,
Laire, laire, laire, de la mist'en laire
Ah! ah! ah! que savez-vous faire?

Savez-vous jouer de la mist'en viole
Savez-vous jouer de la mist'amboure
Savez-vous jouer de la mist'en lyre...

Cette randonnée* enfantine fait sa première apparition en 1612, dans les *Chansons folastres et prologues, tant superlifiques que drolatiques des Comédiens Français.* Elle énumère les instruments de musique courants à l'époque et leurs sons, imités par des onomatopées. Selon Martin Agricola, auteur d'un ouvrage sur les instruments de musique, le *Musica instrumentalis,* daté de 1529, « la temboure » – devenu le tambour –, appelé aussi le « bedon », fut introduit en France comme instrument militaire en 1347, alors que Calais était assiégée par Édouard III. Son invention est attribuée aux Arabes.

Il estoit un bon homme (bis)
Jouant de la temboure (bis)
Di be di be di be don
Et de la trompette,
Fran, fran, fran
Et de la muy fluste,
Turelututu relututu
Et de la mi fa sol la
Farelarirette farelarirette
Et de la mi fa sol la
Farelarirette liron fa.

Il estoit un bon homme (bis)
Jouant de la cymbale (bis)
Drin relin din din relin din
Et de la vielle, yon, yon, yon,
Et de la rebeque,
Tire li ty ty reli ty ty
Et de la my fa sol la
Farelarirette liron fa.

Jouant de la violle
Torelo totio rela totio
Et de la raquette, clac clic clac,
Et de la musette
Toure loure loure lou,...

Jouant de la mandore
Tire lire lire la
Et de la navette, vrest vrest brest,
Et de la cliquette
Taque tique taque tac,...

Jouant de la braguette
Zipe zipe zipe zipeson
Et de son derrière, zest croc pouf,
Et de la bouteille
Glou glou glou glou glou
Glou glou glou glou,...

Les onomatopées sont à l'origine de nombreux refrains obscurs de chansons populaires :

Turlututu ...
Larirette, larirette ...
Ma tante lireli, ma tante lirelo, ...
Mironton, mironton, mirontaine, ...

La dernière strophe donne le ton et nous laisse imaginer que cette chanson faisait partie du répertoire de fin de noces ou de banquets, de celles qu'on ne chante que le corps et l'esprit légèrement échauffés. C'est ce que nous confirme une autre version du XVIIIe siècle, parue dans un *Recueil de branles guays à danser en rond :*

Distes moy mon bon Monsieur
Que sçavès vous faire?
Ne sçavès vous point jouer
De la ouystamboure?
Boure boure boure boure.

On passe de la « ouystamboure » à la « ouystanflutte », puis à la « ouystanviole », etc., jusqu'à ce que la dame demande fort innocemment au « bon Monsieur » :

Ne sçavès vous point jouer
De la ouystanlaire?

ou, ce qui était encore plus audacieux :

De la ouystanvoire?

Au XIXe siècle, quand la ronde tombe dans le domaine enfantin, *ouyst-* ou *vist-* est pudiquement remplacé par *mist-,* que l'on trouve encore aujourd'hui.

Mal compris, d'ailleurs, et pour cause, ce *mist-* devient :

De l'ami j' t'en laire
De la mise en laire, etc.

La ronde se chante dès lors sous forme de randonnée*.

C'est une des nombreuses chansons passées du domaine des adultes à celui des enfants, au prix d'une modification minime. Pour le fond, la chanson reste la même : un jeu, souvent mimé, sur les instruments de musique et leurs sons.

Sur le pont d'Avignon

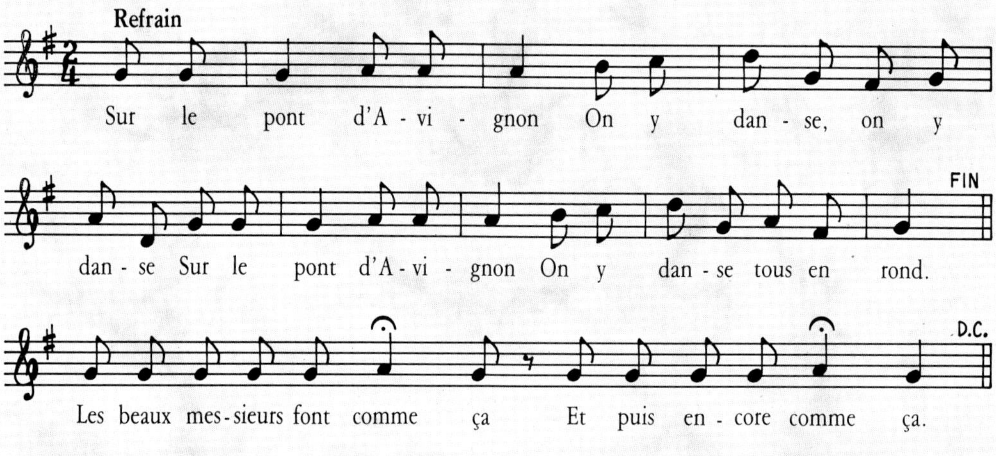

Refrain

Sur le pont d'Avignon
On y danse, on y danse
Sur le pont d'Avignon
On y danse tous en rond.

Les beaux messieurs font comme ça
Et puis encore comme ça.

Les belles dames font comme ça
Et puis encore comme ça.

Les cordonniers font comme ça
Et puis encore comme ça.

Les militaires font comme ça
Et puis encore comme ça.

(La liste est inépuisable)

Saint Bénézet, jeune pâtre du Vivarais, reçut un jour de Dieu l'ordre d'aller construire un pont sur le Rhône. L'évêque d'Avignon et le prévôt de la ville, incrédules, le soumirent à une épreuve insurmontable sans l'aide céleste : il lui fallait déplacer une pierre de treize pieds de long sur sept de large. Bénézet, au milieu de la foule qui l'entourait, saisit la pierre et la porta jusqu'au bord du Rhône, là où devait s'élever la première arche du pont.

La construction commença alors, et le pont de dix-neuf arches, long de neuf cents mètres et large de quatre, n'était pas terminé quand Bénézet mourut, en 1184 : il fut enseveli dans la petite chapelle qui se dresse encore aujourd'hui sur les quatre arches existantes.

En 1226, Louis VIII assiégea Avignon et fit détruire le pont. Il fut reconstruit, modifié, restauré, pour être finalement abandonné à la fin du XVIIe siècle tel qu'il nous apparaît aujourd'hui. Mais il avait donné à la ville un tel essor que le pape Clément V choisit de s'y réfugier en 1309 ; jusqu'en 1376, Avignon sera la « Cité des Papes ».

> Qui n'a pas vu Avignon du temps des papes n'a rien vu. Pour la gaieté, la vie, l'animation, le train des fêtes, jamais une ville pareille. (...) Comme en ce temps-là les rues de la ville étaient trop étroites pour la farandole, fifres et tambourins se postaient sur le pont d'Avignon, au vent frais du Rhône, et jour et nuit l'on y dansait, l'on y dansait...

écrit Alphonse Daudet dans *La Mule du Pape*.

Une chanson, éditée en 1503 à Venise par Ottaviano Petrucci de Fossombrone (qui fut le premier au monde à imprimer de la musique), comporte pour la première fois la formule qui devait devenir célèbre :

Sur le pont d'Avignon
Ma belle passe et repasse.

Sur l'air de cette chanson, le *Psautier Flamand* de 1540 propose de chanter le Psaume 81, et Pierre Certon, maître des enfants de chœur de la Sainte-Chapelle, compose une messe imprimée en 1558. Et dès 1575, le *Manuscrit de Lucques* nous donne une chanson de noces encore chantée dans de nombreuses régions à minuit, quand on apporte aux mariés la soupe traditionnelle. Elle est connue parfois sous le nom de *La Complainte des Oreillers*. La version primitive a l'avantage de justifier par son début, en général omis plus tard, le dialogue qui s'établit entre le jeune homme et la nouvelle épousée.

Manuscrit de Lucques

Sur le pont d'Avignon
J'ouys chanter la belle
Qui en son chant disoit
Une chanson nouvelle

J'ai perdu mes amours
Ne sçai où les aller querre
Bridès moy mon moureau (cheval noir)
Et luy mettès la selle

Frappès le des eperons
Jusques à l'huis de la belle
Ouvrez votre huys, ouvrez
Nouvelle mariée

Version traditionnelle

Sur le pont d'Avignon
J'ai ouï chanter la belle
Qui dans son chant disait
Une chanson nouvelle

Ouvrez la porte, ouvrez,
Nouvelle mariée
J'ai perdu mes amours
Je ne puis les requerre

Comment vous ouvrirais-je ?
Je suis au lit couchée
Auprès de mon mari
La première nuitée

Me tient et me tiendra
Pendant la nuit entière
Attendez à demain
La fraîche matinée

Pour que mon lit soit fait
Ma chambre balayée
Et que mon mari soit
A gagner sa journée

Comment vous attendrais ?
J'ai la barbe gelée
La barbe et le menton
La main qui tient l'épée

Et mon cheval moreau
Est mort sur la gelée
Ouvrez la porte, ouvrez
Nouvelle mariée

Sont trois petits oiseaux
Qui ont pris leur volée
Ils ont volé si haut
La mer ils ont passée

Sur le château du roi
Ils ont pris reposée
Ouvrez la porte, ouvrez
Qu'on voie la mariée

Si vous ne l'ouvrez pas
Elle sera brisée
A grands coups de marteau
A grands coups de cognée.

Hélas, comment ouvroie ?
Je suis de nuyct couchée
Avecque mon mari
Qui me tient embrassée

Attendès à demain
La fraîche matinée
Hélas comment attendray ?
J'ay la barbe engellée

La barbe et le menton
La main qui tient l'espée
Et mon petit pageot
Qui a couleur changée

Et trois de mes faucons
Qui ont pris leur volée
Ils ont volé si haut
Qu'ilz ont la mer passée

L'un a prins perdrix
Et l'autre a print l'assée
Et l'autre le faisant
Il a gaigné journée.

Deux recueils, l'un de 1602 : *Ni le trésor ny le trias ne le cabinet : mais la beauté, mais plus, La Fleur ou l'Eslite de toutes les Chansons Amoureuses et airs de court tirez des œuvres et manuscrits des plus fameux poëtes de ce temps* – en toute simplicité et modestie... –, et l'autre de 1613, les *Meslanges Le Fevre,* associent *le Pont d'Avignon* à une chanson célèbre, *La Péronnelle :*

N'a vous point veu la Peronnelle
Que les gens d'armes ont amenée
Et où ?
Sur le pont d'Avignon j'ay ouy chanter la belle
Qui dans son chant disait une chanson nouvelle
Et quelle ?

Cette chanson de la fin du XVe siècle, mentionnée par Rabelais dans le *Cinquième Livre*, évoque le sort de la Péronnelle qui passe en Dauphiné habillée comme un page et refuse de rentrer en France quand ses trois frères viennent la chercher. Au XVIIIe siècle, le ton change :

Sur le pont d'Avignon
J'ai ouy chanter la belle
Qui dans son chant disait :
« Et baise-moi, tandis que tu me tiens
Tu ne me tiendras plus guère. »
(Brunettes et Petits Airs Tendres, 1711.*)*

C'est sans doute de cette époque que date la ronde que nous connaissons. Elle est notée à la fin du XIXe siècle en Saintonge, où elle est dansée et chantée par les jeunes gens qui forment une arche de leurs bras pour laisser passer la chaîne :

Sous le pont d'Avignon
Tout le monde passe
Sous le pont d'Avignon
Tout le monde passeront
Et lon lan la laissez-les passer
Les olivettes, les olivettes
Et lon lan la laissez-les passer
Du premier jusqu'au dernier.

La version canadienne relevée vers la même époque est aussi une ronde mimée :

Sur le pont d'Avignon (bis)
Trois dames s'y promènent
Ma dondaine
Trois dames s'y promènent
Ma dondé

Tout's trois s'y promenant
Laissent tomber leur peigne

Trois Allemands passant
Ont ramassé les peignes

Allemands, Allemands,
Ah! rendez-moi mon peigne...

Et la ronde enfantine que Du Mersan commente en 1843 dans son recueil de *Chansons et Rondes enfantines* est celle que nous chantons aujourd'hui:

Sur le pont d'Avignon
Tout le monde y danse, danse,
Sur le pont d'Avignon
Tout le monde y danse en rond

Les beaux messieurs font comme ça
Et puis encor comme ça

« Les enfants peuvent ajouter tous les métiers ou toutes les professions qui leur viendront à la pensée, et singer, autant que possible, leurs allures et leurs habitudes. »

Dansons la Capucine

Dansons la Capucine
Y'a pas de pain chez nous!
Y'en a chez la voisine
Mais ce n'est pas pour nous
You!

Dansons la Capucine
Y'a pas de vin chez nous!
Y'en a chez la voisine
Mais ce n'est pas pour nous
You!

Dansons la Capucine
Y'a du plaisir chez nous!
On pleure chez la voisine
On rit toujours chez nous
You!

Cette chanson propose une version atténuée du refrain de la fameuse *Carmagnole* qui fut composée au lendemain de la chute de Louis XVI, en août 1792. Son intention est la même : opposer la pauvreté des uns à la richesse des autres. Même si elle est entrée assez vite dans le répertoire des rondes enfantines, Jean-Baptiste Clément se souvient de son caractère révolutionnaire lorsqu'en 1868 il met sur cette « vieille chanson » des paroles satiriques :

Dansons la Capucine
Le pain manque chez nous
Le curé fait grasse cuisine
Mais il mange sans nous
Dansez la Capucine
Et gare au loup,
You!...

Dansons la Capucine
La misère est chez nous
Dame Tristesse est sa voisine
Et vous en aurez tous...

Dansons la Capucine
La tristesse est chez nous
Dame Colère est sa voisine
Et vous en aurez tous...

Dansons la Capucine
La colère est chez nous
Dame Vengeance est sa voisine
Courez et vengez-vous...

Le terme « capucine » pose un problème : s'agit-il du vêtement en tissu grossier des moines Capucins, qui aurait remplacé la « carmagnole », gilet des ouvriers piémontais? On sait aussi que ce nom était donné à une sorte de casserole en terre émaillée, l'écuelle du pauvre. Mais on ne peut oublier que le couvent des « Capucines » ordre religieux féminin équivalent à celui des Capucins, devint en 1790 l'Hôtel des Monnaies qui émettait les assignats. Nous sommes loin de la charmante fleur dorée que la chanson ne peut manquer d'évoquer aux enfants d'aujourd'hui, qui continuent à danser et à sauter en chantant de tout cœur cette ancienne ronde.

Savez-vous planter les choux ?

Savez-vous planter les choux
A la mode, à la mode
Savez-vous planter les choux
A la mode de chez nous?

On les plante avec le doigt
A la mode, à la mode
On les plante avec le doigt
A la mode de chez nous.

On les plante avec le pied.

On les plante avec le genou.

On les plante avec le coude.

On les plante avec le nez.

On les plante avec la tête.

SAVEZ-VOUS

PLANTER LES CHOUX?

Savez-vous planter les choux,
A la mode, à la mode,
Savez-vous planter les choux,
A la mode de chez nous?

On les plante avec le pied,
A la mode, à la mode,
On les plante avec le pied,
A la mode de chez nous.

On les plante avec la main,
A la mode, à la mode,
On les plante avec la main,
A la mode de chez nous.

Maman, les p' tits bateaux

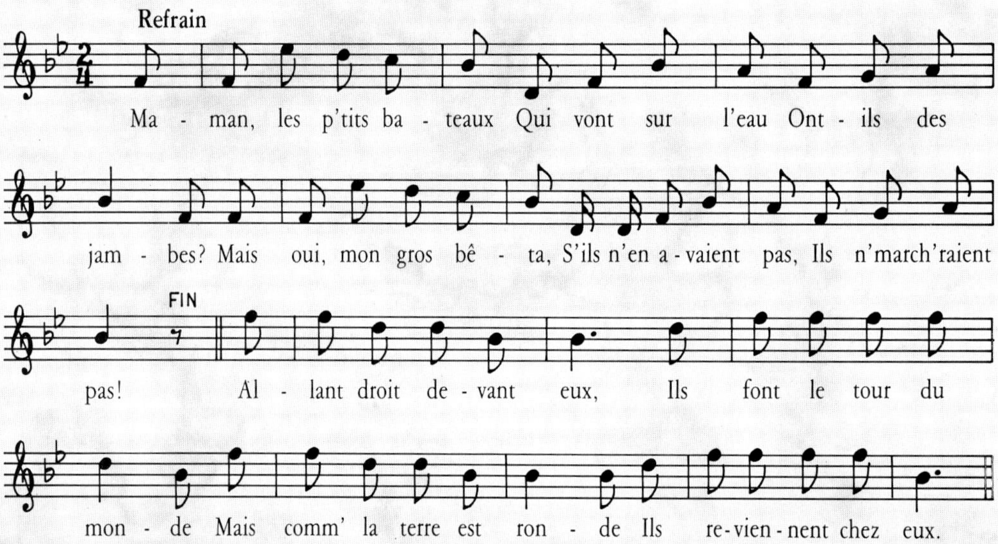

Refrain
Maman, les p'tits bateaux
Qui vont sur l'eau
Ont-ils des jambes?
Mais oui, mon gros bêta,
S'ils n'en avaient pas,
Ils n'march'raient pas!

Allant droit devant eux
Ils font le tour du monde
Mais comm' la terre est ronde
Ils reviennent chez eux.

(Variante du refrain)
... Mais non, mon gros bébé,
S'ils en avaient,
Ils marcheraient.

Ne pleure pas Jeannette

Ne pleure pas Jeannette
Tra la la la la la la
La la la la la la
Ne pleure pas Jeannette
Nous te marierons. *(bis)*

Avec le fils d'un prince
Tra la la la la la la
La la la la la la
Avec le fils d'un prince
Ou celui d'un baron. *(bis)*

Je ne veux pas de prince
Encore moins de baron.

Je veux mon ami Pierre
Qui est dans la prison.

Tu n'auras pas ton Pierre
Nous le pendouillerons.

Si vous pendouillez Pierre
Pendouillez-moi avec.

Et l'on pendouilla Pierre
Et sa Jeannette avec.

Voici une chanson d'origine très ancienne, et si bien attestée au cours des siècles qu'il est intéressant d'en reconstituer l'histoire.

Le thème de la jeune fille qui refuse un noble mariage par amour pour un prisonnier se rencontre dès le XIIe siècle dans une chanson de toile* :

Belle Amelot soule en chambre feloit
A chantier prant, ke d'amors li mambroit.
An halt chantoit et son amin nommoit.
Mal si gardoit, sa meire l'escoutoit.

Refrain

« *Deus, doneis m'a marit Garin*
Mon dous amin. »

Sa meire antre ans, se s'asiet devant li
Bial li proiet « Fille, prenes marit
Lou duc Girairt ou lou conte Hanrit. »;
« *Par deu, meire, mult mielz ains vivre ensi.* »

Amelot ot ceu ke sa meire dist
Ke ses peires li veult doneir marit.
Tout doucemant a gamanteir se prist,
Li cuers li falt, si ait geteit un crit.

La meire vit son enfant angossous;
Trop bial li dist :
« *Fille rehaitiez vos.*

Garin ameis, si l'averes aspous.
Se m'aist deus, il est vaillans et prous! »

La meire errant mandat lou prou Garin.
Tant li donat et argent et or fin
C'ansamble mist et l'amie et l'amin
Per lou congiet son signor Lancelin.

Amelot tot ensi Garin ot
Son amin.

(Belle Amelot seule en sa chambre filait
Elle se mit à chanter, car elle se souvenait de son amour
Elle chantait fort et nommait son ami
Ne prenant pas garde que sa mère l'écoutait.

« Dieu, donnez-moi pour mari Garin
Mon doux ami. »

Sa mère entre, s'assied devant elle
Et la prie : « Ma fille, prenez un mari
Le duc Gérard ou le comte Henri. »
« Par Dieu, Mère, je préfère vivre ainsi. »

Amelot entend ce que sa mère dit
Que son père veut lui donner un mari.
Tout doucement elle se mit à gémir.
Le cœur lui manque, elle a jeté un cri.

La mère vit son enfant pleine d'angoisse
Elle lui dit gentiment : « Ma fille, rassurez-vous.

Vous aimez Garin, vous l'aurez pour époux
Si Dieu m'aide, il est vaillant et preux. »

La mère alla mander le preux Garin
Et lui donna tant d'argent et d'or fin
Qu'elle réunit et l'amante et l'amant
Avec l'accord de son seigneur Lancelin.

Ainsi Amelot eut Garin
Son ami.)

Garin est peut-être trop pauvre pour épouser Amelot, mais il est, plus probablement, prisonnier. La mère paie la rançon qui va le libérer. Au doux temps de l'amour courtois, les histoires finissaient bien. C'est une version assez proche, au même dénouement heureux, que notera – il faut bien se distraire – le greffier J. Taillefier dans ses *Registres aux Transports de la Haute Cour de Namur,* vers le milieu du XVe siècle.

A cette époque, cependant, apparaît une autre version, tragique, reproduite dans le beau chansonnier manuscrit de Bayeux, qui date de la fin du siècle :

La belle se siet
Au piet de la tour
Qui pleure et souspire
Maine grant martire
Aussi grant doulour.

Son pere lui demande :
« *Fille, qu'avez-vous?*
Voulez-vous mary
Ou si vous voulez seignour?

– *Je ne veulx point avoir mary*
Mary ni seignour
Je veulx avoir le mien amy
Qui porrist en la tour.

– *Ma foi, ma belle fille,*
A cella fauldrés-vous
Car il sera pendu
Demain au point du jour.

– *Et père s'on le pend*
Enterrès moy dessoulz
Si diront les gens :
Ce sont loyaulx amours! »

Les pères sont-ils moins compréhensifs que les mères, ou les mœurs ont-elles évolué? Toujours est-il que le sort des pauvres amants sut toucher les cœurs, puisque l'air inspira une messe à De Orto (Dujardin), et à Guillaume Dufay un motet* à troix voix.

Au cours du XVIe siècle, on retrouve la chanson dans divers recueils, parmi lesquels on peut citer *La Couronne et Fleur des Chansons à Trois,* imprimé à Venise par Antoine del Abbate, ou le *Quart Livre des chansons à quatre parties,* édité en 1561 par Le Roy et Ballard. Elle a été traitée à plusieurs voix par les grands polyphonistes du siècle, comme Josquin des Prés

ou Roland de Lassus, puis plus tard par Jacques Lefevre, compositeur de la Chambre de Louis XIII. Voici la version que nous offre ce dernier dans ses *Meslanges* parus chez Ballard en 1613 :

C'est la fille du Roy qui est au pied de la tour,
Qui pleure et soupire et maine grand doulour.

Refrain
Hélas! il n'a nul mal qui n'a le mal d'amour!
Sa mère lui demande : « Fille, qu'avez-vous?
Y voulez-vous un comte, baron ou seignour?
– Je veux mon ami Pierre qui est dedans la tour.
– Taisez-vous, ma fille, ce n'est pas pour vous.
Il y sera pendu demain au point du jour.
– Si on le fait mourir, enterrez-moi dessous.
Tous ceux qui passeront diront : Voy la doulour
Las! qu'une fille meure pour sa trop grande amour!
Ceste piteuse exemple servira pour trestous
Et la grand cruauté demeurera sur vous.
Lors nos cœurs s'en iront droit au temple d'amours. »

Les paroles sont proches de celles du *Chansonnier de Bayeux,* mais on peut remarquer l'introduction du prénom populaire « Pierre », et la morale qui donne un ton nouveau.

C'est en 1761, seulement, que sera notée par écrit une troisième version, très répandue, de notre chanson : *La Pernette.*

La Pernette se lève
Trois heures devant jour
Elle prend sa quenouillette
Avec son petit tour.

A chaque tour qu'elle vire
Fait un soupir d'amour.
Sa mère lui vient dire :
« Pernette, qu'avez-vous?

Avez-vous mal de tête
Ou bien le mal d'amour?
– N'ai pas le mal de tête
Mais bien le mal d'amour.

– Ne pleurez pas, Pernette,
Nous vous marierons.
Vous donnerons un prince
Ou le fils d'un baron.

– Je ne veux pas un prince
Ni le fils d'un baron,
Je veux mon ami Pierre,
Qu'est dedans la prison.

– Tu n'auras mie Pierre
Nous le pendolerons!
– Si vous pendolez Pierre,
Pendolez-moi itout.

Au chemin de Saint-Jacques
Enterrez-nous tous deux.
Couvrez Pierre de roses
Et moi de mille-fleurs.

Les pèlerins qui passent
En prendront quelque brout
Diront : Dieu ait l'âme
Des pauvres amoureux!

L'un pour l'amour de l'autre,
Ils sont mort tous les deux. »

Telles sont, à quelques variantes près, les paroles chantées aujourd'hui encore dans de nombreuses régions de France. Le Forez en revendique la paternité, et une tradition locale veut que Pierre fût « un paysan pris et pendu à Montbrisson, pour rébellion contre le fisc et la gabelle du roi Philippe le Bel ». Mais les Vendéens n'en font-ils pas un Chouan?

La grande diffusion de *La Pernette* a laissé supposer que ses paroles étaient contemporaines de la version normande du XVe siècle, peut-être même antérieures. Elles ne peuvent en tous les cas pas précéder l'invention du rouet, le « petit tour » du quatrième vers, c'est-à-dire la fin du XIVe siècle.

L'air sur lequel *La Pernette* est encore chantée a été utilisé par Favart dans sa comédie *Annette et Lubin,* en 1762. Il semble d'origine populaire, mais est-ce l'ancienne mélodie de la chanson? Rien ne permet de l'affirmer.

En 1862, une version provençale de *La Pernette* commence ainsi :

Jeanneto ses levado
Tres houros d'avant jour

Comment cette chanson de toile, qui inspira tant de grands musiciens, finit-elle par devenir une chanson de marche, qui fit, à la fin du siècle dernier, son apparition au sein des armées? Quel auteur inconnu métamorphosa La Pernette en Jeannette? Certes, la simplicité de l'air et le dépouillement des paroles ont rendu Pierre et Jeannette aussi populaires auprès de nos enfants qu'auprès de nos soldats, mais récit et mélodie ont quelque peu perdu en émotion et en délicatesse.

PETIT GLOSSAIRE

Auteur : voir **parolier***.

Ballade : du provençal *ballada* formé sur le verbe *balar,* danser. Chanson à danser, à la mode en France aux XIIIe et XIVe siècles. Elle se compose traditionnellement de huit vers.

Bergerie : chanson contant les amours idylliques de bergers et de bergères dont les noms sont souvent empruntés aux personnages de la littérature bucolique latine ou grecque.

Branle : danse ancienne dans laquelle les danseurs forment une chaîne ou un cercle et exécutent des pas latéraux. Voici les conseils que donne, au XVe siècle, M. Toulouze dans *L'art et instruction de bien danser* : « Le branle se doibt commencer au pié senestre *(gauche)* et se doibt finer du pié dextre et s'appelle branle pour ce qu'on le fayt en branlant d'un pié sur l'autre. » Il existe, au XVIIe siècle, une trentaine de types de branles.

Brunette : brève composition sur un sujet galant, de ton enjoué et souvent polisson. C'est l'éditeur Christophe Ballard qui, au début du XVIIIe siècle, a l'idée d'intituler ainsi ce type de chanson déjà ancien, dans lequel le mot *brunette* (petite femme brune) revient souvent : la jolie brunette représente l'idéal féminin dans la tradition populaire, la blondeur étant réservée aux dames de la noblesse.

Canon (du grec *kanôn,* règle) : reprise d'un thème mélodique ou d'un couplet par plusieurs voix ou groupes instrumentaux qui interviennent successivement, à intervalles réguliers.

Carole : ancien nom de la **ronde***.

Chanson récapitulative ou à **récapitulation***, dite aussi **randonnée*** (mot qui a d'abord signifié course rapide et ininterrompue) : chanson énumérative, dont chaque couplet s'enrichit des éléments des couplets précédents. Le dernier couplet, le plus long, récapitule tous les éléments de la chanson.

Chanson à reprise : chanson énumérative, aux couplets d'égale longueur, dans laquelle le premier vers de chaque couplet reprend l'élément du dernier vers du couplet précédent.

Chanson de toile : ce sont, sans doute, des arrangements savants de chansons populaires que chantaient les femmes qui travaillaient la toile (fileuses, tisseuses, etc.). Elles remontent au XIIe siècle et parlent inlassablement d'amour.

Chansonnier : recueil de chansons, manuscrit ou imprimé. Il comporte tantôt les paroles seules, tantôt les paroles accompagnées des airs qui les soutiennent.

Colportage (recueil de) : recueil de chansons à la mode (cahier, fascicule, feuille volante), vendu dans les campagnes et les villes par les colporteurs.

Complainte : chanson narrative sur un sujet tragique ou grave. La complainte se caractérise par l'absence de refrain et par le nombre élevé des couplets.

Compositeur : inventeur de la musique d'une chanson.

Contredanse : danse anglaise d'origine campagnarde (*country dance,* danse de la campagne), à la mode dans la haute société du XVIIIe siècle. Les couples de danseurs se font face et exécutent une série de figures sur un mouvement rapide et gai. Les groupes de danseurs s'appellent des *quadrilles.* C'est sous le nom de *quadrille* que la contredanse, légèrement modifiée, survivra au XIXe siècle.

Couplet : chacune des strophes constituées d'un certain nombre de vers dont le contenu varie, partiellement ou totalement, d'une strophe à l'autre. La succession des couplets est généralement interrompue, à intervalles réguliers, par le refrain* dont l'air ou les paroles (ou les deux à la fois) diffèrent de ceux des couplets.

Gigue : danse populaire d'origine anglaise ou irlandaise. Un ou plusieurs danseurs exécutent, sur un air entraînant, des pas très rapides, des sautillements, accompagnés de claquements de talons. Au XVe siècle, giguer veut dire gambader.

Gwerz : mot breton. Chant traditionnel du patrimoine breton, relatant des événements historiques ou légendaires sur un ton épique.

Maumariée (chanson de) : chanson dans laquelle l'épouse, « mal mariée », expose ses griefs contre son mari. Ces chansons relèvent souvent d'une tradition grivoise.

Motet (de *mot*) : chant d'Église à plusieurs voix inspiré des textes bibliques. Composition profane à plusieurs voix, le motet peut être accompagné ou non d'instruments. Le mot désigna, d'abord, un court poème de ton badin chanté par les trouvères.

Parolier (ou **auteur**) : inventeur du texte — ou paroles — d'une chanson.

Pastorale (du latin *pastoralis,* formé sur *pastor,* berger) : chanson mettant en scène bergers et bergères.

Pastourelle : chanson née au XIIe siècle de l'inspiration des troubadours. Elle fait dialoguer berger et bergère (pastourelle est formé sur l'ancien français *pastur,* berger), ou seigneur et bergère. Destinée au divertissement des seigneurs, elle reste gentiment satirique : les personnages font assaut de taquineries et de mots d'esprit. La pastourelle est souvent entrecoupée d'un refrain à base d'onomatopées imitant le bruit d'instruments de musique rustiques.

Pont-Neuf : chanson interprétée et popularisée par les chanteurs qui, aux XVIIe et XVIIIe siècles, se produisaient sur le Pont-Neuf, à Paris.

Randonnée : voir **chanson récapitulative***.

Refrain : strophe d'une chanson qui constitue une unité, généralement immuable, d'air ou de paroles, et vient s'intercaler entre deux couplets*. Certaines chansons ne comportent pas de refrain.

Romance : à l'origine, poème en langue romane. Puis, chanson écrite sur un air facile à retenir, traitant d'un sujet sentimental et attendrissant. La romance connut une grande vogue à la fin du XVIIIe siècle et tout le long du XIXe siècle.

Ronde : danse populaire formée d'un cercle de danseurs qui se donnent la main. La chanson qui soutient la ronde comprend des couplets* et un refrain*. Les couplets sont chantés par un soliste, accompagné parfois par un instrument, tandis que les danseurs marquent le rythme sur place. Le refrain est ensuite repris en chœur par les danseurs qui tournent en formant la ronde.

Rondeau : poème ou chanson remontant au XIIIe siècle, comportant généralement treize vers répartis en trois couplets de longueur inégale. Le rondeau se caractérise par la répétition de certains vers.

Timbre : la « Clef du Caveau », société chantante qui recueillit plus de deux mille timbres, donne la définition suivante dans l'avertissement de sa quatrième édition : « on entend par timbre la désignation d'un air quelconque, en citant le premier vers de la chanson ou du couplet qui lui a donné lieu ».

Vaudeville : le mot viendrait des « vaux de Vire », en Normandie, où, au XVe siècle, vivait en son moulin Olivier Basselin, créateur du genre (le nom fut parfois interprété en *voix de ville,* avant d'arriver à *vaudeville*). C'étaient à l'origine des chansons populaires satiriques. On les chantait sur le Pont-Neuf* et les recueils de colportage* les faisaient connaître jusque dans les campagnes. Les airs de vaudevilles servirent de timbres* à beaucoup d'autres chansons. Les comédies à vaudevilles, agrémentées de ces chansons souvent parodiques et écrites sur des airs connus de tous, furent elles-mêmes appelées vaudevilles.

Virelai : voir **rondeau***.

Vise : chanson populaire du répertoire traditionnel scandinave dont l'auteur et le compositeur sont généralement inconnus.

BIBLIOGRAPHIE

Recueils de chansons

XIIIe siècle

Chansonnier dit « du Roi de Navarre ». Bibliothèque de l'Arsenal.

XVe siècle

Chansonnier de Bayeux, manuscrit ayant sans doute appartenu au Connétable de Bourbon. Bibliothèque Nationale.

XVIe siècle

D'Attaignant Pierre, *Chansons musicales, nouvelles et fort joyeuses,* Paris, 1529.

Bonfons Jehan, *Chansons nouvellement composées sur plusieurs chants tant de musique que rustiques,* Paris, 1548.

Chardavoine Jehan, *Recueil des plus belles et excellentes chansons en forme de vau-de-ville, tirées de divers auteurs tant anciens que modernes, auxquelles a été nouvellement adaptée la musique de leurs chants communs afin que chacun la puisse chanter en tout endroit qu'il se trouvera tant de voix que sur les instruments,* 1576.

Leroy Adrian et Ballard Robert, *Premier livre de chansons en forme de vau-de-ville,* Paris, 1573.

Lotrian Alain, *la fleur de la poésie française,* Paris, 1543. *La fricassée crotestillonée,* 1557.

Petrucci de Fossombrone Ottaviano, *Harmoniae Musices Odhecaton,* Paris, 1501-1504.

Chansonnier de Lucques : chansons entendues et transcrites par un membre de la famille Balbini établi à Malines, 1575.

XVIIe siècle

Ballard Pierre, *Recueil de chansons pour danser et pour boire,* Paris, 1627.

Chansons folastres et prologues, tant superlifiques que drolatiques, des comédiens français, Rouen, 1612.

Le Caribarye des artisans, ou recueil nouveau des plus agréables chansons vieilles et nouvelles propres pour les gens de métiers et autres, Paris, Nicolas Boisset, 1646.

De Launay Adrian, *La fleur des chansons amoureuses,* Rouen, 1600.

Mangeant Jacques, *Recueil des plus beaux airs,* Caen, 1615. *Recueil des plus belles chansons des comédiens français. Ny le trésor ny le trias... mais la fleur de toutes les chansons amoureuses,* 1602.

Gaultier-Garguille, *Chansons folastres,* 1631.

XVIIIe siècle

Recueil de contredanses, Ms. de 1767, Bibliothèque Nationale.

Chansons gaillardes et sérieuses ou chansons nouvelles, Middelbourg, 1701.

Ballard Christophe, *Brunettes ou petits airs tendres,* Paris, 1703-1711. *La clef des chansonniers,* Paris, 1717. *Rondes à danser,* 1724.

Lammonoye, *Noëls bourguignons,* 1720. *Œuvres mêlées,* 1770.

Bautreau de Marly, *Le petit chansonnier français,* Genève et Paris, 1782.

La Clé du caveau, Paris, Pierre Cappelle, 1811-1816.

Théâtre de la Foire, Paris, le Sage et D'Orneval, 1721-1737.

XIXe siècle

Du Mersan, *Rondes et chansons enfantines,* 1846. *Chants et chansons populaires de la France,* 1848. *Chansons nationales et populaires de la France,* 4e éd., 1850.

Collection Stahl, *Chansons et Rondes de l'Enfance,* illustrations de Frœlich, 12 volumes, Hetzel, Paris.

Images d'Épinal, *Rondes et Chansons.* Imagerie Pellerin.

Loquin Anatole, *Les mélodies populaires de la France, paroles, musique et histoire,* Bordeaux, 1879.

Recueil dit de Maurepas, *Pièces libres, chansons, épigrammes sur divers personnages des siècles de Louis XIV et Louis XV,* 6 vol., Leyde, 1865.

Verrimst M.V.F., *Rondes et Chansons populaires illustrées,* A. Lahure, Paris, sans date.

Weckerlin J.-B., *Chansons de France pour les petits Français,* illustrations de M. Boutet de Monvel, Paris, Plon, 1883.

Weckerlin Jean-Baptiste, *Chants et chansons populaires du printemps et de l'été,* Paris, 1869. *Chansons et rondes enfantines,* Paris, Garnier, 1885. *Nouvelles chansons et rondes enfantines,* Paris, 1886, *Chansons et Rondes Enfantines des Provinces de France,* Paris, 1889.

Widor Ch. M., *Vieilles Chansons et rondes pour les petits enfants,* illustrations M. Boutet de Monvel, Paris, Plon, 1883.

XXe siècle

Augé Claude, *Le Livre de Musique,* Paris, Larousse, env. 1900.

Ouvrages critiques, études

Ampère Jean-Jacques, *Enquête sur la poésie populaire en France,* ordonnée par la Ministre de l'Instruction publique en 1852, 6 vol., manuscrit Bibliothèque Nationale.

Arbaud Damase, *Chansons populaires et historiques de la Provence,* Aix-en-Provence, 1862.

Barbier Pierre, Vernillat France, *Histoire de France par les chansons,* Paris, Gallimard, 1957-1961.

Bartsch Karl, *Altfranzösische Dromanzen und Pastoureller,* Leipzig, 1870.

Buseaud Jérôme, *Chants et chansons populaires des provinces de l'Ouest,* Niort, 1863-1864.

Chapiseau Félix, *Le folklore de la Beauce et du Perche,* 1902.

Coirault Patrice, *Formation de nos chansons folkloriques,* Paris, éd. du Scarabée, 1953-1963 (dernier fascicule posthume). *Notre chanson folklorique,* Paris, Picard, 1942. *Recherches sur notre ancienne chanson populaire, traditionnelle,* I-IV : Bulletin de l'Institut général psychologique, Paris, 1927-1929, V : Droz, Paris, 1933.

De Coussemaker, *Les chants populaires des Flamands de France,* Gand, 1856.

Davenson Henri, *Le livre des chansons ou introduction à la chanson populaire française,* Neuchâtel, éd. de la Baconnière, 1944, 1946, 1947.

Doncieux Georges, *Le romancero populaire de la France,* Paris, 1904.

Gagnon Ernest, *Chansons populaires du Canada,* Québec, 1865.

Gérold Théodore, *Le manuscrit de Bayeux,* Strasbourg, 1921.

Van Gennep Arnold, *Manuel de folklore français contemporain,* Paris, 1938.

La Forte, *Catalogue de la chanson folklorique française,* 1977.

Lambert Louis, *Chants et chansons populaires du Languedoc,* Paris-Leipzig, 1902.

Paris Gaston, Gevaert Auguste, *Chansons du XVe siècle,* Paris, 1875.

Piguet Edgar, *L'évolution de la pastourelle du XIIe siècle à nos jours,* Thèse, Berne, Arezzo-Berthoud, 1927.

Poueigh Jean, *Chansons populaires des Pyrénées françaises,* Paris-Auch, 1926.

De Puymaigre, *Chants populaires recueillis dans le pays messin,* Metz, 1865.

Rolland Eugène, *Recueil de chansons populaires,* Paris, 1883-1890.

Roy Claude, *Trésor de la poésie populaire française,* Paris, Seghers, 1954.

Tiersot Julien, *Histoire de la chanson populaire en France,* Paris, 1889, *Les types mélodiques dans la chanson populaire française,* Paris, 1894.

Périodiques

Bulletin de folklore

Mélusine, années 1877 à 1889

Revue des langues romanes

Revue des traditions populaires, années 1886 à 1892

Romania, années 1872 à 1886

La Tradition

Wallonia

TABLE DES ILLUSTRATIONS